오늘도 개발자가 **안 된다**고 말했다

개발 협업이 어려운
기획자&디자이너를 위한
필수 가이드북

김중철·김수지 저

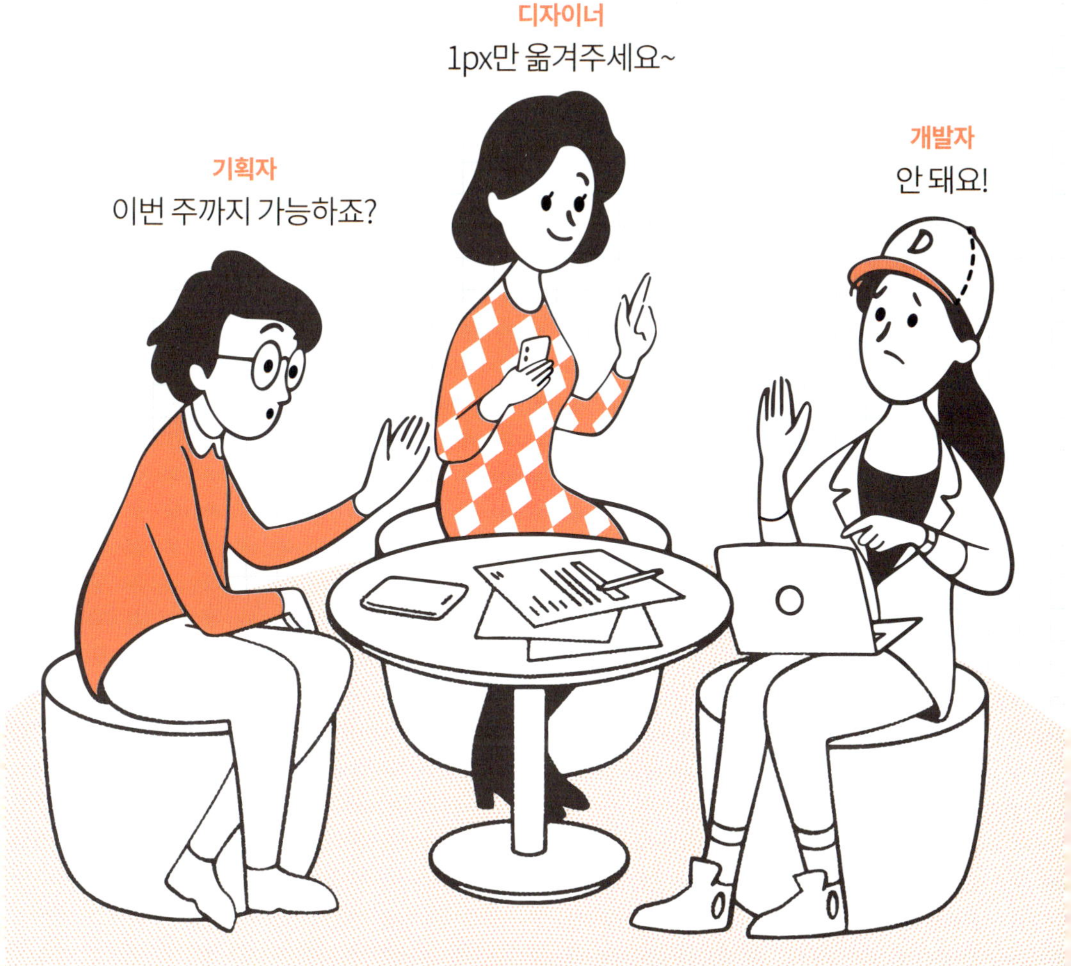

디자이너
1px만 옮겨주세요~

기획자
이번 주까지 가능하죠?

개발자
안 돼요!

개발 협업이 어려운 기획자 & 디자이너를 위한 필수 가이드북
오늘도 개발자가 안 된다고 말했다

| 만든 사람들 |
기획 IT·CG기획부 | **진행** 양종엽 | **집필** 김중철·김수지 |
표지 디자인 전영광 | 편집 디자인 원은영

| 책 내용 문의 |
도서 내용에 대해 궁금한 사항이 있으시면
저자의 홈페이지나 디지털북스 홈페이지의 게시판을 통해서 해결하실 수 있습니다.
디지털북스 홈페이지 digitalbooks.co.kr
디지털북스 페이스북 facebook.com/ithinkbook
디지털북스 인스타그램 instagram.com/digitalbooks1999
디지털북스 유튜브 유튜브에서 [디지털북스] 검색
디지털북스 이메일 djibooks@naver.com
저자 이메일 김중철: choel6721@gmail.com 김수지: sujji9@naver.com

| 각종 문의 |
영업관련 dji_digitalbooks@naver.com
기획관련 djibooks@naver.com
전화번호 (02) 447-3157~8

※ 잘못된 책은 구입하신 서점에서 교환해 드립니다.
※ 이 책의 일부 혹은 전체 내용에 대한 무단 복사, 복제, 전재는 저작권법에 저촉됩니다.
※ 유튜브 [디지털북스] 채널에 오시면 저자 인터뷰 및 도서 소개 영상을 감상하실 수 있습니다.

오늘도 개발자가 **안 된다**고 말했다

개발 협업이 어려운 기획자 & 디자이너를 위한 필수 가이드북

| 김중철·김수지 저 |

프롤로그

IT 업계 종사자에게 업무 중 힘든 일이 무엇인지 물어보면 개발자와 협업하는 것이라는 이야기는 빠지지 않고 나온다. 아마 개발자와 협업을 해본 사람이라면 누구나 공감할 것이다. 분명 한국어로 대화를 하고 있는데 알아듣기는 어렵고 개발을 요청하면 "안 돼요."라는 말이 돌아온다. 우리도 처음에는 개발자와 소통이 되지 않아 답답함으로 가득했다. 더군다나 우리는 행정학, 사회복지학과를 나온 IT 비전공자였다.

IT 지식이 없는 상황에서 각자 업무를 처리하는 것만으로도 힘들었는데 개발자와 협업까지 해야 하다 보니 거대 산 하나가 막고 있는 느낌이 들었다. 그래서 우리와 같은 고민을 하는 사람들을 모아 개기디마셔라는 커뮤니티를 만들게 되었다. 개기디마셔는 **개**발자/**기**획자/**디**자이너/**마**케터/퍼블리**셔**에서 한 글자씩 따서 지은 이름이다.

커뮤니티 초기에 빠른 속도로 성장하면서 약 2천 명에 달하는 IT 종사자가 가입했고 우리와 비슷한 고민을 하는 사람들이 많다는 사실을 알게 되었다. 그런데 특이한 점은 커뮤니티 가입자의 대다수가 개발자와 협업을 잘하려면 어떤 개발 언어를 배워야 하는지 질문한다는 것이었다. 정말 개발자와 협업을 잘하기 위해서는 개발 언어를 알고 있어야 할까?

개발자와의 협업은 외국인과의 대화와 닮은 점이 많다. 주변에 영어 시험 점수는 높은데 외국인과 대화를 못하는 친구들이 주변에 많다. 반면, 영어 시험 점수가 높지 않은데도 외국인과 소통을 잘하는 친구들도 있다. 개발 언어는 영어 단어와 비슷하다. 많이 알면 분명히 유리하지만 그렇다고 협업을 잘하게 되는 것은 아니다.

그 누구라도 새로운 회사에 가면, 회사에서 사용하고 있는 기술을 이해할 시간 그리고 개발자의 성향을 파악해서 합을 맞추는 시간이 필요하다. 이렇게 많은 경우의 수를 만족시킬 수 있는 완벽한 협업 방법이란 없다. 하지만 협업을 잘하는 사람들의 특징은 분명히 있다. 유연한 생각을 갖고 개발자들의 마음을 빠르게 헤아리면서 협업의 이유와 목적을 명확하게 제시해 원하는 방향으로 이끌어간다.

이 책은 우리가 경험한 협업 사례를 토대로 기획자와 디자이너가 협업을 잘하기 위해 필요한 마인드와 개발자에 대한 이해, 개발 프로세스, 개발 지식 등을 담고 있다. 과거 우리와 같이 협업에 어려움을 겪고 있을 신입 기획자와 디자이너들이 조금이나마 원활하게 협업을 할 수 있게 되길 바란다. 끝으로 더 멋지고 대단한 선배님들 사이에서 우리에게 선뜻 책 집필을 제안해주신 박소정 담당자님께 진심으로 감사의 말씀을 전하고 싶다.

추천사

성공적인 프로덕트를 만들기 위해 가장 중요한 건 Makers와 협업하는 것입니다. 이 책은 '기획자, 디자이너, 개발자' 각자의 관점에서 어떻게 프로덕트를 바라보고, 진행하는지에 대해 저자의 경험 기반으로 쉽고 체계적으로 설명하고 있습니다. 특히 서비스를 사람의 신체 구조에 빗대어 시각화하여 설명한 부분이 인상적이었습니다.

이 책은 이제 막 IT 업계에 발 들인 신입에겐 '직무 이해도를 높여주고, 협업을 이해할 수 있는 좋은 길잡이 역할'을, 수년간의 경력이 있는 경력자에겐 'Makers 각자의 관점에서 프로덕트를 다시 바라보며 이해할 수 있는 시간'을 만들어 줄 거라고 생각합니다. IT 업계에서 프로덕트를 진행하며 협업에 어려움을 겪고 있거나 협업을 잘하기 위한 고민을 한 번이라도 해 본 사람이라면, 이 책을 꼭 읽어보시길 추천드립니다.

- 야놀자 Product Owner 이미림

우선, IT 업계 실무자의 경험을 한 권의 책으로 풀어내어 매우 반갑습니다. 특히 문서로 말하는 기획자, 그림으로 표현하는 디자이너, 논리적인 개발자의 시선으로 바라본 지극히 현실적인 고충들이 아주 공감됩니다. 앞서서 이 책은 다양한 업무 분야와 사고방식을 가진 동료들과 협업하기 위해, 더 큰 시너지를 내기 위해, 행복하게 일하기 위해, 무엇을 해야 할지 구체적으로 제시하고 있습니다.

이 책을 읽으며, IT 업계에 첫발을 내디딘 주니어에겐 좋은 지침이 되길 바라고 시니어에겐 다시금 동료를 이해하는 시간이 되길 바랍니다.

- 쿠팡 UX Designer 배산하

개발자라는 직업으로 일을 하게 되면 여러 직무의 사람들과 함께 협업해야 하는 경우가 많습니다. 최근에는 코로나 19 바이러스까지 확산되어 비대면 협업이 일상이 되다 보니 여러 상황 속에서도 생산성을 높일 수 있는 협업의 중요성이 더욱 커지고 있습니다.

회의와 업무 등을 공유할 때, 개발자의 입장에서는 나름 쉽게 설명을 했지만 오히려 더 큰 오해를 일으키기도 합니다. 이 책에서는 개발자가 전달하고 싶은 의도와 달리 잘못된 표현으로 인해 생기는 오해를 줄일 수 있도록 다양한 사례와 가이드라인을 제시해 주고 있기 때문에 기획자, 디자이너뿐만 아니라 개발자에게도 좋은 길라잡이가 될 것입니다. 「오늘도 개발자가 안 된다고 말했다」의 출간을 축하드리며, 이 책이 많은 분께 도움이 되길 기대합니다.

- 엔씨소프트 개발자 김청진

현 시대에는 프로그래밍만 잘해서 좋은 서비스를 만들 수 없습니다.

쉬움, 편함, 재미, 저렴함 등 다른 서비스보다 경쟁력이 있어야만 소비자의 선택을 받을 수 있는데, 경쟁력 있는 서비스를 만들기 위해서는 기획자, 디자이너, 개발자의 능력이 집중되어야 합니다. 그래서 협업은 서로를 이해하는 과정이 매우 중요합니다.

이 책에서는 직업별 업무의 특징을 이해하기 쉽게 정리하고 있어 서로를 이해하는 데 많은 도움을 얻을 수 있습니다. 저자들과 IT 협업 커뮤니티 '개기디마셔'에서 함께 활동하면서 협업의 어려움에 대한 공감대를 계속 형성해왔던 사람으로서 말씀드립니다. IT 업계에 종사하는 분이라면, 이 책에 크게 공감하면서도 좋은 협업의 실마리를 찾을 수 있는 기회를 잡을 것입니다.

- 윤디자인 그룹, 에이아트 CTO 장종례

CONTENTS

프롤로그　6　　추천사　8　　이 책의 소개 및 구성　12

PART 01 | 가깝고도 먼 개발자

1. 어딘가 이상한 비전공자의 협업
　　기획자 김 군의 협업 ⋯ 18
　　디자이너 김 양의 협업 ⋯ 26
　　우리가 협업을 할 수 있었던 이유 ⋯ 35

2. 온몸으로 느낀 개발자
　　우리가 만난 세 가지 유형의 개발자 ⋯ 37
　　협업을 잘하는 개발자 ⋯ 43
　　개발자에게 하면 안 되는 말 ⋯ 45

3. 협업을 위한 준비물
　　원활한 협업을 위한 준비 ⋯ 48
　　개발 지식을 쌓는 순서 ⋯ 51

PART 02 | 기획자의 일

1. 서비스 기획 들여다보기
　　서비스 기획의 범위 ⋯ 54
　　인하우스와 에이전시의 기획자 ⋯ 56
　　이유와 기준이 있는 기획 ⋯ 62
　　시각화를 통한 최종 점검 ⋯ 64

2. 협업을 위한 사전 준비
　　전체를 한눈에 파악하는 IA ⋯ 66
　　웹 사이트의 계층 구조 이해 ⋯ 78
　　목적 중심의 벤치마킹 ⋯ 82

3. 협업을 돕는 화면 설계서
　　화면 설계서를 작성하는 이유 ⋯ 84
　　목적을 명확하게 전달하는 방법 ⋯ 86
　　설계서 타이틀의 중요성 ⋯ 88
　　스토리텔링을 위한 화면 설계서 ⋯ 91
　　리뷰를 요청하는 방법 ⋯ 93

PART 03 디자이너의 일

1. 디자이너의 마인드셋
- 디자인 기획 의도와 목적 ··· 98
- 웹/앱 디자인과 UX/UI 디자인 ··· 101
- 경쟁력을 갖춘 디자이너 ··· 106

2. 정확한 시각화를 위한 개발 지식
- 웹 디자인의 색상 ··· 111
- 이미지/영상 ··· 117
- 폰트 ··· 123
- 해상도 ··· 129
- 프로토타이핑 ··· 132

3. 협업을 위한 개발 지식
- 웹 표준과 웹 접근성 ··· 136
- 크로스 브라우징 ··· 138
- 크롬의 개발자 도구 ··· 143
- 레이아웃 ··· 146
- 모바일 웹 ··· 147
- 그리드 ··· 150
- 앱 디자인 고려하기 ··· 152
- 놓치기 쉬운 항목 체크하기 ··· 157

PART 04 개발자의 일

1. 개발자 이해하기
- 웹 개발자 ··· 166
- 모바일 개발자 ··· 172
- 소통에 필요한 개발 용어 ··· 176

2. 생산성 향상을 위한 협업 툴
- 커뮤니케이션 도구 ··· 185
- 기획자/디자이너의 협업 도구 ··· 197

3. 개발자가 말하는 협업
- 2년 차, 대기업 개발자 ··· 213
- 4년 차, 중소기업 개발자 ··· 216
- 6년 차, 프리랜서 개발자 ··· 220
- 10년 차, 에이전시 개발 CTO ··· 224

에필로그 230 INDEX 234

이 책의 소개 및 구성

이 책은 개발자와의 협업에 어려움을 겪고 있을 신입 기획자와 디자이너를 위해서 작성했다. 비전공자인 2명의 저자가 기획자, 디자이너로 실무를 하면서 겪었던 개발 협업 경험을 이야기하고, 각자가 해결해온 방법에 대한 내용을 주로 다룬다. 참고로 이 책은 개발자와의 협업에 초점을 두고 작성했기 때문에, 시중에 있는 전문 서적처럼 화면 설계서를 쓰는 방법이나 디자인 방법에 대해서 자세히 다루지는 않는다.

PART 01 가깝고도 먼 개발자

IT 비전공자인 우리는 조금 독특한 협업을 경험했다. 새하얀 도화지에 글을 쓰듯이 눈으로 보고 느낀 그대로 개발자에 대한 우리만의 이미지를 그렸다. 아무런 개발 지식이 없는 상태에서 어떻게 개발자와 협업을 해왔는지, 우리가 생각하는 개발자는 어떤 모습인지, 협업을 하기 위해서 준비하고 있어야 하는 것은 무엇인지 우리의 경험을 토대로 풀어내었다.

PART 02 기획자의 일

기획자에게 가장 중요한 역할 한 가지를 뽑자면 논리적으로 설득하는 것이라고 생각한다. 이 역할을 잘 수행하기 위해서는 서비스가 탄생하는 전체의 과정을 알고, 현재 어느 단계에서 어떤 목적으로 일을 하고 있는지를 이해하고 전달하는 것이 필요하다. 설득을 잘하면 협업의 기준을 세우고 일의 우선순위를 잡는 게 쉬워진다. PART 02에서는 기획자가 원활한 협업을 위해 알고 있어야 할 사고 방법과 정보들에 대해 다룬다.

PART 03 디자이너의 일

　디자이너는 예술가가 아니다. 비전공자 디자이너로 이 말의 뜻을 이해하는 데 꽤 오랜 시간이 걸렸다. PART 03에서는 좋은 디자이너로 성장하기 위해 항상 고민했던 디자이너 마인드에 대해 이야기한다. 또한 디자이너가 개발 지식을 알아야 하는 이유를 정리해본다. 왜 직접 개발을 할 줄 아는 디자이너가 아니라 개발을 이해하는 디자이너가 되어야 하는지, 디자인을 웹/앱에 반영할 때 개발자와 협업하려면 어떤 개발 지식이 필요한지 이야기한다.

PART 04 개발자의 일

　개발자와 소통하기 위해 개발자의 일과 소통 도구, 그리고 회사별 개발자가 말하는 협업 사례를 다룬다. 우리와 협업하는 개발자들이 어떤 일을 하는지 알고 있어야 어떤 개발자에게 무엇을 요청할지 알 수 있다. 또한 원활한 커뮤니케이션을 위해 소통의 도구를 파악하고, 여러 유형의 회사(대기업, 중소기업, 1인 프리랜서, 에이전시)에서 일하는 현업 개발자의 협업 사례를 통해 좋은 커뮤니케이션에 대해 이야기한다.

　이 책 하나로 개발자와의 협업을 완벽하게 할 수 있다고 생각하진 않는다. 다만 우리의 신입 시절부터 지금까지 겪었던 경험과 해결 방법들을 담아내기 위해 최대한 노력했다. 조금이라도 개발자와의 협업 과정에서 시행착오를 줄이고 서로 다른 관점을 이해함으로써 더 나은 협업 방법을 찾아가는 데 도움이 되길 바란다.

이 책의 소개 및 구성

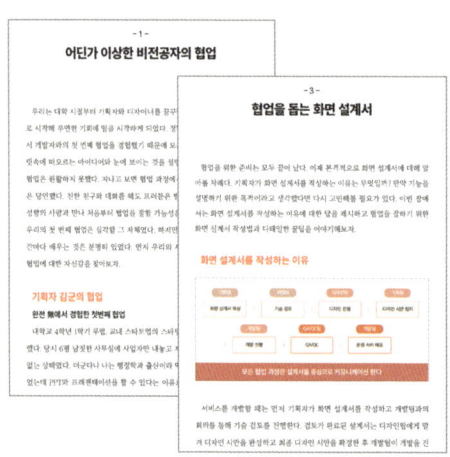

주제 / 내용

개발자와의 협업에 초점을 맞추어 기획자, 디자이너에게 유익할 정보를 담았습니다.

그림

이미지나 도식화한 그림을 통해 이해를 돕습니다.

박스

주요한 개념이나 원리, 방법 등을 설명합니다.

소통에 필요한 개발 용어

PART 04에 개발자와의 소통을 원활하게 돕는 작은 코너가 있습니다. 궁금하신 분은 이 책을 읽기 전에 미리 한번 보는 것도 좋습니다. (참고: 176~184 페이지)

개발자 인터뷰

개발자와 협업하는 방법은 업무 환경에 따라 조금씩 다를 수 있습니다.
그래서 PART 04 마지막에는 회사 유형별로 나누어 현업 개발자와의 인터뷰를 수록했습니다.

환경에 따라 달라지는 업무 프로세스, 협업 툴, 업무 관리 방법을 이해하고 개발자들이 알려주는 협업 꿀팁을 얻어갈 수 있습니다.

- PART 01 -
가깝고도 먼 개발자

– 1 –
어딘가 이상한 비전공자의 협업

우리는 대학 시절부터 기획자와 디자이너를 꿈꾸던 사람들과 달리 비전공자로 시작해 우연한 기회에 일을 시작하게 되었다. 정말 아무것도 모르는 상태에서 개발자와의 첫 번째 협업을 경험했기 때문에 모든 게 다 서툴렀다. 그저 머릿속에 떠오르는 아이디어와 눈에 보이는 것을 설명하는 데 급급했다. 당연히 협업은 원활하지 못했다. 지나고 보면 협업 과정에서 불협화음이 발생하는 것은 당연했다. 친한 친구와 대화를 해도 트러블은 발생한다. 하물며 전혀 다른 성향의 사람과 만나 처음부터 협업을 잘할 가능성은 지극히 낮다. 비전공자인 우리의 첫 번째 협업은 심각함 그 자체였다. 하지만 매 순간 배우는 것은 분명히 있었다. 먼저 우리의 서투른 협업 이야기를 보며 협업에 대한 자신감을 찾아보자.

기획자 김 군의 협업
완전 無에서 경험한 첫 번째 협업
대학교 4학년 1학기 무렵, 교내 스타트업의 스타팅 멤버로 첫 커리어를 시작했다. 당시 6평 남짓한 사무실에 사업자만 내놓고 제대로 된 사업 아이템 하나 없는 상태였다. 더군다나 나는 행정학과 출신이라 딱히 경영에 대한 지식이 없었는데 PPT와 프레젠테이션을 할 수 있다는 이유로 스타트업에 합류하였다.

사업이 성장하려면 가릴 것 없이 해야 했던 터라, 이때 서비스 기획을 병행하여 맡게 됐다.

이때껏 서비스 기획을 해본 경험은 없었다. 기획서가 무엇인지, 어떤 내용을 전달해야 하는지도 몰랐다. 기획에 필요한 정보를 인터넷에서 검색했고, PPT로 된 설계 템플릿을 하나 구해 도형과 텍스트를 활용해서 아주 어설픈 기획서를 만들었다. 그렇게 만들어진 기획서는 개발자에게 공유되었고 내가 생각한 아이디어가 처음으로 IT 서비스에 적용되었다. 그렇게 개발자와의 생애 첫 협업을 경험했다.

지금 생각하면 말이 안 되는 퀄리티의 기획서였지만 신기하게도 당시 개발자는 내가 기획한 의도에 맞게 서비스 개발을 해주었다. 나뿐만 아니라 팀원들도 협업 경험이 많지 않았기 때문에 더욱 서로의 역할에 집중하면서 유연하게 협업을 마칠 수 있었다. 다르게 해석하자면, 기획서의 형태보다 기획서가 전달하고자 하는 의도에 집중해서 개발했다는 이야기가 된다.

아무것도 모르던 내가 협업을 할 수 있었던 이유가 바로 이것이다. 기획서는 어설펐을지 몰라도 구두로 구체적인 의견을 첨언하고 손 그림, 레퍼런스 홈페이지 등을 참고해서 기획서의 부족한 부분을 채움으로써 기획 의도를 정확히 전달하기 위해 노력했다. 이 과정을 통해 협업에서는 기획의 의도를 정확히 전달하는 것이 가장 중요하고, 기획서는 그 의도를 정리한 커뮤니케이션 문서라는 것을 깨달았다.

기획서 작성 시 가장 중요한 점은 작성 방법이 아니라, 전달하고자 하는 메시지를 정리하는 것이다. 특히 협업을 할 때는 내가 생각한 의도를 상대방에게 정확하게 전달할 수 있어야 한다. 그러기 위해서 무엇보다 기획 의도를 명확하게 정의할 수 있어야 한다.

서비스 구조와 인체 구조의 닮은 점을 발견하다

여러 사업 아이템을 구상하던 중에 우리 팀이 최종적으로 선택한 사업 아이템은 WiFi 광고 플랫폼이었다. 이 서비스를 간단히 설명하자면 이렇다. 현재 스타벅스는 WiFi를 이용할 때 개인 정보를 입력하면 WiFi를 사용할 수 있도록 제공하는데, 이와 비슷하게 우리가 만든 서비스는 개인 정보를 입력하는 대신 전면 배너 광고를 노출하고 해당 광고 페이지로 이동할 경우 WiFi를 사용할 수 있도록 만든 것이었다.

눈에 보이는 것은 단순 웹 기반의 서비스이지만 실제로는 다양한 기술을 접목해서 만들어졌다. 서비스 화면을 구성하는 프론트엔드^{front-end}, 서버를 구성하는 백엔드^{back-end}, WiFi 공유기를 컨트롤할 수 있는 펌웨어^{firmware}, WiFi와 서버 통신이 가능한 네트워크 기술 등 다양한 기술적 이해가 필요했다. 하지만 어떠한 관련 지식도 없이 이 모든 것을 정확히 이해하는 것은 거의 불가능했다.

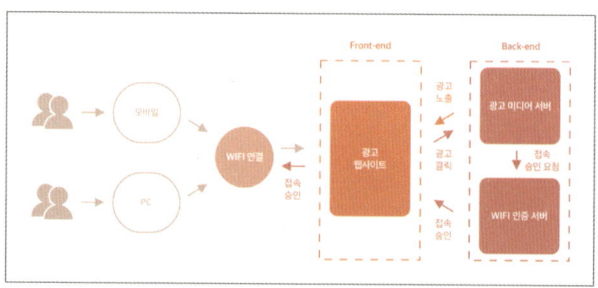

WiFi 광고 플랫폼의 기술 이해

당시 나는 매장 담당자를 컨택해서 영업하고 설치/관리하는 일을 병행했다. 그러다 보니 서비스 이용에 이슈가 생기면 나에게 문제의 원인을 물어보는 일이 잦았다. 하지만 IT를 전혀 모르는 매장 담당자에게 이렇게 복잡한 구조를 가진 서비스를 설명한다는 것은 쉬운 일이 아니었다.

더군다나 담당자는 연세가 꽤 있으신 분이었고, 정확히 이해를 못한 상태에서 설명하는 것은 신뢰를 떨어뜨리는 일이었다. 그래서 문제의 원인을 쉽게 설명해줄 수 있는 방법을 고민해야 했다. 먼저 어려운 개발자들의 언어를 내가 이해할 수 있는 언어로 해석하는 것이 필요했는데 당시 개발자들이 준 피드백은 이랬다.

개발자의 언어

"User Device의 Data packet이 Access server에서 Confirm되지 않는다. 먼저 Access server debugging을 해보겠다. 이후에도 문제가 지속되면 WiFi 공유기의 Firmware Version을 확인한 후에 Reboot을 진행하고 WiFi 공유기의 Lan Port IP를 파악한 후에 ping을 던져서 Signal을 확인하겠다. Signal이 확인되지 않을 경우에는 소프트웨어 문제가 아니므로 직접 매장에 방문해서 WiFi 공유기의 점검 및 교체를 해야 한다."

개발자들이 처음 들어본 어려운 단어들을 사용하다 보니 이해하기가 어려웠다. 그래서 개발자에게 다시 질문을 해서 용어를 하나씩 받아적었고, 인터넷 검색을 통해 단어들을 해석하고 나서야 내용을 이해할 수 있었다.

개발자의 언어 해석

"WiFi에 접속하기 위해 보낸 유저 스마트폰 정보가 우리 인증 서버에서 확인되지 않는다. 먼저 우리 인증 서버 쪽에서 원인을 파악하고, 다음으로 펌웨어 버전을 확인한 뒤에 펌웨어로 재부팅을 시켜보겠다. 만약 계속해서 문제가 발생하면 WiFi 공유기의 LAN 연결 포트별 IP를 확인해서 신호를 보낸 후 정상 동작하는지 확인해보아야 한다. 소프트웨어 쪽에 문제가 있는 게 아니면 직접 매장에 방문해서 WiFi 공유기를 점검 및 교체를 해야 한다."

이렇게 문장을 정리하고 나니 개발자가 하는 말을 이해할 수 있었다. 하지만 서비스 장애의 원인을 매장 담당자에게 설명을 해줘야 하는데, 이 문장은 매장 담당자가 이해하기 어려우리라는 생각이 들었다. 그래서 쉽게 이해시킬 수 있는 방법을 찾던 중, 문득 서비스 이슈 상황을 사람이 병에 걸린 상황과 비교해 보게 되었고 IT 서비스는 인체와 많이 닮았다는 사실을 발견할 수 있었다.

인체와 비교한 해석 방법

[증상 파악] 유저의 와이파이 사용 불가

- WiFi 공유기(머리)와 서버(장기)를 연결하는 네트워크 신호(신경) 확인 불가
- 공유기의 펌웨어(뇌) 또는 인증 서버(심장)의 점검 필요

[처방] 소프트웨어 점검 후 하드웨어 점검 진행

- 1차: 인증 서버(심장) 장애 검토
- 2차: WiFi 펌웨어(뇌) 재시작
- 3차: 네트워크 신호(신경) 연결 포트 확인
- 최종: 매장 방문 후 WiFi 공유기(머리)의 점검 및 교체 진행

예시와 같이 WiFi 사용 문제를 소프트웨어와 하드웨어로 나누어 각 장기 기관(심장, 뇌 등)과 신체 기관(머리, 팔 등)에 비교하고, 네트워크는 장기와 신체 기관을 연결하는 신경에 비교했다. 실제로 이러한 비교 방법은 다른 IT 서비스의 구조를 이해하는 데도 큰 도움이 되었다.

위와 같은 방법을 통해 매장 담당자에게도 쉽게 설명할 수 있었고, 어려운 IT 용어를 쓰지 않고도 대화가 통하기 시작했다. 나아가서 복잡한 것을 단순하게 생각할 수 있게 되었고 다른 서비스의 구조도 쉽게 이해할 수 있는 나만의 노하우가 생겼다.

기획을 하다 보면 "기획자에게 필요한 개발 지식은 어느 정도인가요?"라는

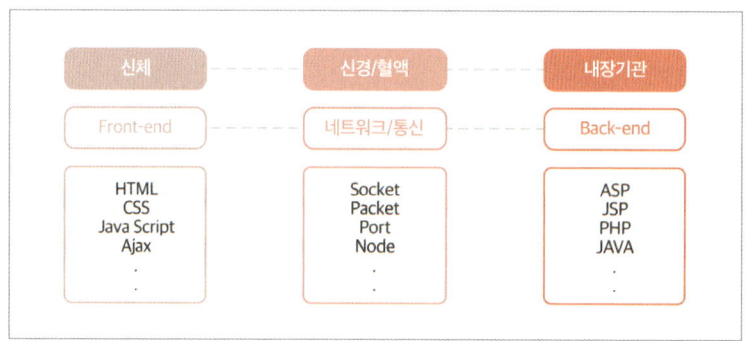

인체와 개발 구조의 비교

질문을 많이 받는다. 그때마다 나는 개발 구조를 이해할 수 있는 수준이라고 이야기한다. 서비스 구조를 이해하면 개발 언어를 몰라도 개발자들과 대화하는 것이 그렇게 어렵지 않다. 협업을 하다 보면 계속해서 같은 개발 용어를 쓰기 때문에 의외로 금방 익숙해진다.

  영어도 5형식의 문법과 단어를 정확하게 지키면서 대화하기보다는 어느 정도의 맥락으로 이해하는 경우가 많다. 이처럼 실제로 개발을 할 것이 아니라면 모든 것을 정확히 이해해야 할 필요가 없다고 생각한다. 만약 개발 공부를 하고 싶다면 다양한 개발 지식을 쌓기보다, 자신이 담당하는 서비스의 구조를 먼저 파악한 후에 필요한 개발 지식을 찾아 먼저 공부하는 것이 좋다. 이직을 한다면 또 같은 방법으로 새로운 서비스의 구조를 파악하고 거기에 맞는 공부를 하면 된다.

  기획과 개발 분야는 새로운 개념들이 끊임없이 쏟아져 나오고 있다. 그렇기에 이 두 가지 공부를 병행해서 전문성을 높이는 것은 쉬운 일이 아니다. 지식을 애매하게 알고 있으면 개발자 역할에 간섭을 한다거나 스스로 아는 만큼 기획 범위를 한정 짓게 되고, 얼핏 스치듯이 들었던 정보를 개발자에게 쉬운 일처럼 말해 서로 얼굴을 붉히기도 한다.

협업은 무엇보다 상호 신뢰가 기반이 되어야 한다. 그러기 위해서는 각자의 영역에서 프로페셔널함을 갖는 것이 중요하다. 기획자의 전문성을 높이는 것도 쉬운 일이 아니다. 그 연장선상에서 개발자를 이해하고 설득하기 위한 목적으로 개발을 공부하는 것이 좋다.

개발자끼리도 생각이 다르다

내가 처음으로 협업한 개발자는 스타트업의 스타팅 멤버로 있었던 프론트엔드 개발자 조 군과 백엔드 개발자 류 군이었다. 두 명의 성향은 극과 극이었다. 먼저 개발자 조 군은 기본적으로 개발의 영역에서 불가능한 건 없고 무엇이든 구현할 수 있다고 말하던 개발자였다. 실제로 기획하는 대로 원하는 기능들을 모조리 구현해주었다.

반대로 개발자 류 군은 어떤 요청이든 일단 안 된다는 이야기로 시작했다. 이 때문에 협업 초기에는 부정적인 사람이라는 생각이 들어 기능 개발을 요청하는 것 자체가 두려웠다. 개발에 대해 아는 것도 없었기 때문에 안 된다는 말을 반박하기가 어려웠고 눈치를 살피면서 협업을 할 수밖에 없었다. 그런데 개발자 류 군은 나뿐만 아니라 개발자 조 군과의 소통에서도 의견 충돌이 잦았다.

프론트엔드와 백엔드는 상호 보완적인 관계라 한 쪽에서 대응해주지 않으면 개발을 진행하기 어려울 수 있다. 당시 개발자 류 군은 백엔드와 전반적인 서비스 구조 설계를 담당하고 있어 미리 고려되지 않은 기능에 대해 소극적인 태도로 일관하였다. 그래서 개발자 조 군이 자유롭게 개발하기 어려운 점이 있었다.

그때까지만 해도 개발자 류 군이 서비스의 성장을 저해하는 것으로 보였다. 하지만 몇 달 동안 협업을 하면서 가까워지게 되었고 개발자 류 군이 말했던 부정의 의미를 이해할 수 있었다. **첫 번째는 개발을 할 수 있는 시간은 한정되어 있기 때문에 모든 요구사항을 들어줄 수는 없다는 것이다.** 너무 많은 일이 쌓이면 시간에 쫓기고, 쫓기듯이 개발을 하다 보면 서비스의 안정성이 떨어질 수 있다는 의미였다. **두 번째는 개발 업무 중에서 구조 자체를 뜯어고치는 일은 공수가 가장 많이 걸리는 작업인 데다, 이전엔 발생하지 않던 문제들이 일어날 가능성도 높아 꺼려했던 것이었다.**

다시 생각을 해보면 개발자 조 군은 모두 가능하다고 했지만, 이는 기능 구현의 유무에 기준을 두고 답변한 것이었다. 기획자가 제안한 기능들이 그대로 개발된다는 것은 당연히 좋은 일이지만, 서비스 운영의 관점에서는 기능의 구현과 더불어 안정성, 사용성까지 고루 갖추는 것이 중요하다. 그러기 위해서는 개발하는 데 충분한 시간을 확보해주어야 한다.

충분히 고려하지 않고 시간에 쫓긴 채로 기능 개발을 반복하면, 서비스를 안정적으로 제공하기 어려워지고 히스토리를 관리하기도 힘들어진다. 이 과정이 지속되다 보면 협업도 자연스럽게 어려워진다. 그래서 안정성에 문제가 있고 서비스 근간을 흔드는 기능 개발 건들이 개발자 류 군에게는 예민하게 느껴질 수밖에 없었다. 개발자 류 군의 부정은 서비스 성장을 저해한 것이 아니라 다른 사람들이 놓친 부분을 다른 방식으로 보완해주었던 것이다.

나는 이 상황을 겪으면서 일찌감치 개발자는 부정적이라는 말에 대한 편견을 깨게 되었다. 개발자가 말하는 안 된다는 말은 여러 가지 의미를 내포하므로 잘 해석하는 것이 중요하다. 정말 요구사항을 들어주기 싫어서 안 된다는 말을 하는 개발자도 있지만, 보통은 들어주기 싫다기보단 서비스 성장 방법에 대한 사고방식이 다른 경우가 많다. 이를 이해하고 협업한다면 조금은 개발자가 다르게 느껴질 것이다.

기획자의 역할은 문제 해결을 위한 커뮤니케이터라고 생각한다. 상대의 입장을 이해하고 상대의 시선에서 바라볼 필요가 있다. 그렇다고 무조건 개발자의 말을 들어야 한다는 이야기가 아니다. 큰 개선이 필요한 기능이더라도 서비스에 가져다주는 가치가 높다면 당연히 개발자를 설득해야 한다. 단, 이 과정에서 개발자의 부담을 줄여주기 위해 다른 개발 건의 우선순위를 조절해주거나 시간을 확보해주는 등 여러 가지 대안을 함께 제시하면서 협업하는 자세가 필요하다.

기획자와 개발자 모두가 회사의 성장을 위해 좋은 서비스를 만들겠다는 생각을 공유하고 있다면, 협업 과정에서 발생하는 트러블은 더 좋은 서비스를 만들어가기 위한 과정일 뿐이다. 이러한 관계 속에서 포기하지 않고 협업을 해나가다 보면 서로의 관점과 언어를 이해하게 되고 좋은 파트너 관계로 발전해나갈 수 있을 것이다.

디자이너 김 양의 협업
비전공자 디자이너, 처음 개발자를 만나다

어릴 적 디자이너의 꿈을 꾸었으나, 꿈보다는 어른들이 원하는 안정적인 직업인 공무원을 생각하며 대학은 사회복지과로 입학하게 되었다. 하지만 막상 대학교를 오니 원하지 않던 방향의 공부를 하게 되었다. 그래서 스스로 하고 싶은 일을 찾기 시작했고 졸업 후에는 부모님이 원하는 안정적인 일보다는 내가 주체적으로 원하는 일을 하고 싶었다. 결국 사회복지 공무원을 선택하지 않고, 내가 원하는 일의 경험을 쌓기 위해 작은 IT 회사 전략기획부에 입사하였다.

처음으로 입사한 곳은 규모는 작았지만 여러 가지 서비스를 만드는 회사였다. 인디 게임 앱이나 건강, 다이어트 앱 등 다양한 애플리케이션을 만들어 광고 수익 구조를 만들기도 하였다. 당시 회사는 디자인팀, 개발팀, CS팀으로 구성되었고, 전략기획부라는 신설 부서가 생겼다.

전략기획부는 회사의 비전이나 중장기 계획을 짜고 사업의 전체적인 전략을 기획하는 부서로 시장 환경 분석, 벤치마킹, 신사업 발굴, 신규 사업 준비, KPI

성과지표 수립 등의 업무를 담당하였다. 하지만 실제 전략 기획은 팀장님이 모두 맡아서 진행했고, 신입이었던 나는 디자인 툴을 다룰 줄 알고 블로그를 운영한 경험이 있어 전략 기획에 필요한 디자인 업무나 간단한 마케팅 업무를 주로 담당했다.

어느 날 대표님이 연구소에서 개발한 어린이 비타민 판매 대행 건을 받아오셨는데 나에게 온라인으로 팔아보라는 미션이 주어졌다. 우선 제품을 판매하기 위해 상품을 구매할 수 있는 페이지가 필요하다고 생각해 기획안을 만들고 디자인팀에 요청했다. 하지만 이 회사는 작은 규모였기에 디자이너는 한 명뿐이었다. 그렇다 보니 다른 프로젝트를 진행하느라 바쁘고 우선순위에 밀려 당장은 불가능하다는 이야기를 듣고 팀장님은 나에게 랜딩 페이지[landing page 1]를 직접 디자인해보는 것은 어떻겠냐는 제안을 하셨다.

당시 경험해본 디자인이라곤 배너 디자인, 상세 페이지 디자인, 콘텐츠 디자인 정도였는데 갑자기 웹 디자인을 직접 하라는 이야기에 당황스러웠다. 하지만 '어떻게든 만들면 개발팀이 완성해주겠지'라는 생각으로 처음으로 웹 디자인 업무를 맡아 시작하게 되었다.

처음에는 웹 디자인을 상세 페이지 디자인하듯 쉽게 생각했다. 다른 웹 사이트와 랜딩 페이지를 쭉 훑어보면서 포토샵에서 레이어를 만들고 '웹 사이트처럼 보이게 디자인하면 되겠지?'라는 아주 단순한 생각으로 시작했다. 웹 디자인을 배운 적도 실무를 진행해본 적도 없었기에 간격도, 버튼도, 폰트도, 배경 이미지나 레이아웃도 모두 마음대로 만들어서 완성했다. 팀장님도 일단 개발팀에 전달하라며 급하게 업무가 마무리되었고 그렇게 나의 첫 웹 디자인이 개발팀에 넘겨졌다. 그리고 디자인 시안을 받은 담당 개발자가 찾아왔다.

---

1 랜딩 페이지: 링크를 눌러 도착하는 모든 페이지를 랜딩 페이지라고 부른다. 상황에 따라서는 제품 홍보 페이지, 이벤트 페이지, 회사 소개 페이지 등을 랜딩 페이지라고 부르기도 한다.

"수지씨, 웹 디자인 처음인 건 알겠는데… 이렇게 PSD 파일을 통으로 전달해 주시면 아주 곤란해요. 일단 이미지를 다 분리해서 주셔야 하고… 크기도 들쑥날쑥해서 개발하기가 아주 난감하고… 이 물결은 개발로 표현하기도 어렵고… 나중에 개발을 한번 배우면 좋을 것 같네요."

웹 디자인에 대해 전혀 경험이 없던 터라 포토샵 아트보드 하나에 상상력이 가득 담긴 랜딩 페이지를 그려냈고 개발자는 당황스러워 했다. 물론 나는 디자인 담당이 아니었기에 당시 개발자가 넓은 이해심으로 협업을 하면서도 난감해하는 표정을 자주 보이곤 했다. 처음 개발자와 협업을 하며 겪은 큰 문제점들을 정리해보면 아래와 같다.

첫 번째, 웹 디자이너는 단순히 디자인 시안을 만드는 사람이 아니라는 것이다. 디자인 시안은 개발자를 통해 웹으로 구축되는 과정이 필요한데, 나는 웹이 동작하는 원리를 전혀 몰랐다. 그래서 웹 디자인을 상세 페이지 디자인 시안 만들 듯이 쉽게 생각하며 접근했고, 이 때문에 디자인 시안을 이어받아 웹에 구현을 해야 하는 개발자가 난감해지는 상황이 발생한 것이다.

또 함께 협업하던 개발자에게 브라우저 대응을 어디까지 해야 하는지 기준을 알려주어야 했다. 하지만 이런 지식이 전혀 없는 상황에서 기획과 디자인까지 맡은 나는 개발자의 질문 의도를 전혀 알지 못했다. 또, 개발자가 어떤 모션으로 스크롤을 오르내릴지 물어보기도 했으나 말로 표현하기 어려웠다. 나의 업무 롤은 디자인 시안을 만드는 것까지만이라고 생각했기 때문이었다.

두 번째, 개발자와의 소통이 되지 않아 프로젝트가 어떻게 진행되고 있는지 파악하기 어려웠다. 초반에 함께 협업했던 개발자는 프론트엔드 개발자였는데, 기획에 없던 결제 시스템을 연동하고 DB[Database, 데이터베이스]를 구축해야 하는 작업이 추가적으로 필요해서 일정이 촉박한 상황이었다. 결국 그 개발자는 혼자서 구축할 수 없어 다른 개발자에게 작업이 넘어갔는데, 당시의 나는 모두 같은 개발자인데 왜 작업을 넘기는 건지 이해할 수 없었다. 각 개발 분야마다 전문 개발자가 있다는 것을 알지 못했기 때문이었다. 이 때문에 개발자와 소통이 되지 않아 프로젝트가 어떻게 진행되어 가는지 파악하기 힘들었다.

개발자라고 해서 다 같은 역할을 맡는 건 아니다. 디자이너가 모든 디자인을 다 할 수 있을 것 같지만 편집 디자이너, 웹 디자이너 등 디자인 분야가 다양한 것처럼, 개발도 다양한 개발 분야가 있기 때문에 협업 과정에서 각자 맡는 역할이 다르다.

이 책의 마지막 파트에서 좀 더 자세히 다루겠지만, 역할에 따라 개발자 직군을 나누어보자면 다음과 같다.

- 사용자가 보는 화면을 개발하는 **프론트엔드 개발자**
- 사용자에게 보이지 않는 서버 구축, 데이터베이스, 데이터 관리를 하는 **백엔드 개발자**
- 네이티브 앱 개발을 하는 **안드로이드 개발자**, **iOS 개발자**

개발자마다 업무 역할이 다르다는 점을 인지하고, 내가 맡은 프로젝트가 기획에서부터 어떤 개발자와 협업이 필요한지, 개발자가 일정 내에 구현이 가능한지 처음부터 파악했더라면 일정에 쫓기는 상황도 발생하지 않았을 것이다. 이렇게 첫 협업을 겪고 나의 디자인이 개발자를 통해 어떻게 웹으로 구축되는지 흐름을 알 수 있게 되었다.

첫 회사에 들어가 실무에서 처음으로 개발자와 협업을 하게 되면, 그동안 관심을 가져본 적 없던 개발론적 사고의 이해가 필요하여 협업에 어려움을 겪을 수 있다. 나와는 전혀 다른 분야이기 때문에 관련이 없다고 외면하기보다, 함께 협업을 해야 한다는 것을 잊지 않고 천천히 개발자의 입장을 이해해간다면 함께 좋은 프로젝트를 완성할 수 있을 것이다.

'직접 개발해볼 수 있지 않을까?'라는 착각

처음 함께 협업했던 개발자는 디자이너가 개발을 공부하면 협업하기 쉬워진다며 직접 공부해보는 것을 추천했다. 마침 나도 개발에 관심이 깊어지면서 '나도 언젠가 웹 사이트 구축까지 할 수 있지 않을까?'라는 기대감에 부풀어 있었다. 그래서 학원을 다니며 HTML, CSS, 자바스크립트를 공부하기 시작했다.

제일 처음 공부한 것은 HTML이었다. HTML의 다양한 태그를 배우며 웹에 텍스트와 이미지는 어떻게 넣는지, 다른 웹 페이지를 어떻게 연결하는지, 웹의 구조를 작성하는 시맨틱 마크업을 배우고, 웹을 구성하는 다양한 요소를 알 수 있었다. 하지만 HTML만으로는 그럴싸한 웹 사이트를 구축하기엔 한계가 있었다.

HTML 다음에 배운 CSS는 HTML로 만들어진 웹 페이지를 예쁘게 꾸며주는 역할을 했다. 콘텐츠의 너비와 높이 등 크기나 위치 등을 지정하거나 폰트를 불러와 웹에서 적용할 수 있게 해주고, 폰트와 배경 등에 다양한 색상을 부여하여 웹 페이지에 생동감을 불어넣어 주었다. 이로써 HTML과 CSS를 이용해 내가 만든 디자인 요소들을 웹에 보이도록 만들 수 있게 되었다. 하지만 이것만으로는 다소 부족한 느낌이었다. 단순히 페이지를 보여주는 것뿐 아니라 메인 메뉴를 누르면 서브 메뉴들이 나열되며 나타난다든지, 팝업창을 띄우거나 이미지들이 슬라이드 형태로 보여지는 등 웹 사이트에 동적인 느낌을 주고 싶었다. 하지만 HTML, CSS만으로는 한계가 있었다.

이 다음에 배운 자바스크립트는 HTML과 CSS로 만들어진 웹에 동적인 부분을 만드는 언어였다. 자바스크립트는 HTML, CSS와는 달리 개발이 복잡하고 알아야 할 개념(순서도, 변수, 함수, 조건문, 반복문, 객체 등)이 많아 어려웠다. 더군다나 이것을 한 달 만에 완벽하게 이해하는 것은 거의 불가능하였다.

학원에서는 기초만 알려주고 끝난 느낌이라 커뮤니티를 통해 스타트업에서 근무하던 개발자 멘토가 진행하는 개발 스터디를 시작하였다(이때 자바스크립트는 제대로 공부하면 1년도 넘게 걸린다는 이야기를 듣게 되었다).

스터디를 통해 조금 더 쉽게 사용할 수 있는 라이브러리를 공부하며 제법 웹사이트 모양은 갖추었다. 하지만 디자인의 폭은 점점 좁아졌다. 개발을 생각하지 않고 디자인을 할 때는 더 창의적인 디자인에 도전했다면, 개발을 공부하고 난 후부터는 내가 개발할 수 있는 정도까지의 디자인만 생각하게 되었다. 원하고자 하는 느낌으로 디자인하고 구축하려면 자바스크립트뿐 아니라 다른 라이브러리까지 더 깊게 공부해야 했고 그럴 때마다 디자인의 방향을 바꿔버렸다.

디자이너 혼자서 개발까지 전부 완벽하게 하는 것은 정말 어렵다고 느꼈다. 그리고 실무에서도 디자이너가 퍼블리싱까지 직접 하는 것은 본인의 개발 실력까지만 디자인을 하기 때문에 문제점이 발생한다는 것을 알게 되었다.

또 프론트엔드 영역뿐 아니라 백엔드 영역까지 생각하면, 처음 단순하게 생각한 홀로 기획, 디자인, 개발을 모두 맡는 것은 불가능한 일이었다. 요즘은 백엔드를 구축해놓은 솔루션이 많아서 프론트엔드까지 할 수 있다면 간단한 웹사이트 구축에는 솔루션을 활용해도 되지만, 원하는 방향으로 서비스를 구축하려면 결국 백엔드 영역도 필요하다.

이 때문에 잠깐 '차라리 개발을 더 깊게 공부해서 프론트엔드 개발자로 전향을 해볼까?'라는 고민을 하기도 했다. 하지만 간과한 점이 있었다. 바로 개발을 공부한 궁극적인 목적이었다. 내가 만든 디자인을 직접 구축하기 위해 개발을 공부하였으나 오히려 개발을 배우고 나서는 디자인적 관점보다는 '내가 이걸 코드로 표현할 수 있을까?'를 먼저 생각하고 디자인을 포기하는 과정을 겪게 되었다. 이 경험을 통해, 개발자의 업무를 파악하고 나의 디자인이 어떻게 구축되는지 이해하고 협업한다면 스스로 개발까지 직접 할 필요가 없다는 것을 깨달았다.

물론 HTML이나 CSS의 공부가 웹의 구조를 이해하는 데 도움이 많이 되었지만, 자바스크립트 같은 프로그래밍 개발 언어까지 깊게 공부하지 않아도 개발자와 협업하는 데 크게 문제 되지 않는다는 것을 알게 되었다. 실무에서 직접 개발을 하겠다는 목적으로 디자인과 개발 공부를 병행하는 것은 무의미했다. 개발 언어를 알기보다는 웹의 구조를 공부하고 이해하는 것이 중요하다는 것을 알게 되었다.

함께 협업하는 개발자가 "개발 한번 배워 보는 건 어때요?"라고 말을 건네는 것은 정말 개발 언어를 공부하여 개발하라는 뜻이 아니다. 개발을 직접 경험해 보면 각각의 디자인 요소들이 실제로 웹에 어떻게 적용되는지 알 수 있기 때문에 하는 말이라는 것을 알아두자.

개발 언어보다 더 중요한 것을 깨닫다

회사를 퇴사하고 잠깐 프리랜서로 활동한 적이 있었다. 개발을 어느 정도 배운 상황이라 직접 개발을 하며 웹 사이트 구축 작업을 몇 번 맡기도 했지만 혼자서 클라이언트의 요구사항을 모두 맞추는 것은 어려웠다. 간단한 브랜드 페이지는 제작할 수 있었지만, 결제 시스템이 붙은 쇼핑몰, 예약 시스템이 붙은 펜션 사이트 등 솔루션을 활용하여 연결하는 작업은 쉽지 않았다.

때마침 스터디를 통해 만난 개발자 친구가 프리랜서 일에 관심을 보여 팀을 이루었다. 함께 프로젝트를 맡아 나는 웹 디자인, 친구는 퍼블리싱을 하고 외부 솔루션을 활용해 백엔드 개발자의 영역을 대체하며 웹 사이트를 구축하는 작업을 했다.

개발 언어를 알고 있었기에 가끔은 개발자를 대신하여 코드를 직접 수정하거나 화면상으로 이상한 부분이 있으면 수치를 직접 고치는 등 수월한 부분도 있었지만, 개발 언어보다 더 중요한 지식들을 깊이 있게 알지 못해 어려운 점도 있었다. 내가 기획하고 만든 디자인은 CSS3부터 구현이 가능했는데, CSS3는 익스플로러에서 구현되지 않는다는 문제점이 있었다. 고객사는 반응형 웹을 요구했지만 개념을 이해하지 못해 디자인 작업 기간이 길어지는 등 협업에 곤혹을 치렀다.

다행히 고객사의 요구에 맞춰 구축을 완료할 수 있었는데, 이때 깨달은 사실이 있다. 모바일 접속자를 고려한 디자인이 필요하다는 것이다. 당시에는 몰랐지만 모바일로 웹 사이트에 접속하는 사용자의 비중은 높다. 실제로 개인적으로 운영하는 블로그의 통계만 봐도 PC 사용자는 30%, 모바일로 들어오는 사용자는 70%이며, 웹 트래픽 분석 사이트인 스탯카운터^{StatCounter}의 자료를 참고해 보면 데스크톱과 모바일 사용자의 점유율이 거의 절반씩 된다.

웹/모바일 환경의 변화로 웹에서만 잘 보이는 디자인이 아닌, 모바일에서도 잘 보이는 디자인이 필요하다. 이와 더불어 다양한 디스플레이 기기에 적용되

2019-2020년 전 세계의 웹 사이트 접속 기기 통계 - 모바일: 51.33%, 데스크톱: 45.9%

도록 많은 해상도를 고려해야 한다. 또한 사용자가 하나의 브라우저만 사용하지 않고 다양한 브라우저(익스플로러*, 크롬, 사파리, 엣지, 오페라, 웨일 등)로 접속하기 때문에, 브라우저를 어디까지 맞추어 구현할지도 고려해야 한다. 이때, 브라우저의 종류나 버전에 따라 디자인이 조금씩 다르게 보이거나 새로운 기술이 적용되지 않는 경우도 있으니 더욱 꼼꼼하게 확인을 해야 한다.

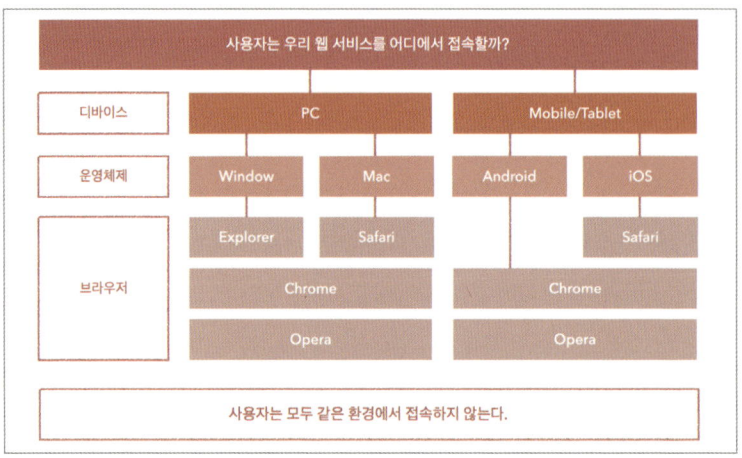

웹 서비스에 접속하는 사용자의 환경 분류

프리랜서로서 개발자와 함께 여러 프로젝트를 맡아 만들어보았다. 이 과정에서 다양한 조건에서도 디자인이 잘 적용될 수 있도록 개발자에게 전달하는 것, 그리고 디자인과 개발에 영향을 주는 개발 환경 요소들도 생각해야 한다는 것을 알게 되었다.

웹/앱 디자이너는 단순하게 내가 작업하고 있는 환경, 디자인 툴 내에서 보이는 시안이 최종 완성본이라 생각하고 끝내기보다 사용자가 실제로 접근할 수 있는 화면이 최종 완성본이라고 생각을 해야 한다. 내가 실행한 화면에서는 잘

* 참고로 2022년 6월에 인터넷 익스플로러(IE) 지원을 종료할 예정

보일 수 있어도 사용자에게는 다르게 보일 수 있다는 것을 항상 염두에 두고 이런 부분을 개발자에게 온전히 맡기기보다 디자이너가 함께 체크해나간다면 좋은 협업을 할 수 있을 것이다.

우리가 협업을 할 수 있었던 이유

새하얀 도화지와 같은 상태였던 우리는 개발자에 대한 편견이 전혀 없는 상태로 협업을 경험했다. 회사가 성장하려면 더 좋은 서비스를 제공해야 한다는 목표가 있었고 개발자와의 협업은 목표를 달성하는 과정에 불과했다. 우리에겐 목표가 최우선이었다. 개발 공부를 했지만 단기간에 모든 것을 알 수는 없었기 때문에 가장 부족한 것부터 하나씩 채워나가겠다는 생각으로 협업에 임했다.

무식하면 용감하다는 말이 있듯이 아무것도 몰랐기 때문에 개발자의 말에 더 경청할 수 있었고, 이해되지 않는 내용은 질문을 반복하면서 협업을 위해 알고 있어야 하는 정보가 무엇인지 빠르게 학습할 수 있었다. 이른 바 소통하기 위한 소통을 했던 것이다. 이러한 습관은 지금까지도 유지되어서 새로운 개발자와 협업하게 될 때마다 항상 질문하고 필요한 정보들을 빠르게 학습하기 위해 노력하고 있다.

우리는 이 과정을 협업의 기본이라고 생각한다. 개발자와 협업을 잘하기 위해서는 알고 있어야 할 정보의 범위를 좁히는 것이 중요하다. 회사마다 개발 환경은 너무 다르고 개발의 범위는 너무 넓다. 이런 상황에서 모든 개발을 공부한다는 것은 현실적으로 무리가 있다. 회사에 입사하게 되면 보통 적게는 1년, 많게는 3년 이상을 근속하는데, 이 기간 동안 리뉴얼을 하거나 새로운 아이템으로 피봇pivot 2하지 않는 이상 협업에 필요한 개발 지식은 거의 변하지 않는다.

---

2 피봇: 새로운 사업 아이템으로 방향을 전환하는 행위

그래서 자신의 회사에서 필요한 개발 지식이 무엇인지 먼저 아는 것이 중요하다. 특히 협업을 잘하고 싶어서 개발 언어를 공부하고 있는 사람이라면 다시 한번 고민해볼 필요가 있다. 개발 언어를 배워도 직접 개발하지 않으면 금방 잊어버리고 이직을 할 때는 개발 언어도 업그레이드되어서 새로 배워야 할 가능성이 높다. 그러므로 공부를 시작하기 전에 개발자에게 질문을 하고 협업에 필요한 개발 지식을 우선 학습하는 것이 좋다.

- 2 -
온몸으로 느낀 개발자

우리는 지금까지 대략 40~50명 정도의 개발자와 협업을 해왔다. 처음 개발자를 마주할 때는 딱딱하고 냉소적인 말투 때문에 가능한 피하고 싶다는 생각이 들었다. 하지만 반복되는 협업 과정을 통해 조금씩 개발자의 입장을 이해하게 되었다. 전쟁을 피하기 위한 가장 좋은 방법은 적을 아군으로 만드는 것이라는 말이 있듯이, 개발자를 우호적인 관계로 만들기 위해서는 먼저 개발자의 입장에서 생각할 수 있어야 한다. 그래서 이번 장을 통해 우리가 직접 몸으로 느낀 개발자에 대해 이야기해보려고 한다.

우리가 만난 세 가지 유형의 개발자

SNS에서 떠돌아다니는 개발자의 특징을 보면, 덥수룩한 머리에 체크무늬 폴로 셔츠를 입고 6부와 5부의 중간 정도 되는 반바지와 샌들을 착용하고 밤새도록 일하는 사람으로 묘사하고 있다. 실제 그렇지 않은 분들이 많은데도 유독 개발자만 외형적인 특징으로 희화화되는 경향이 있어 아쉬운 마음이 크다. 물론 개발에 집중하느라 옷에 신경 쓸 시간이 없다고 말할 정도로 일에 대한 애착과 프라이드가 강한 사람들이 많은 것도 사실이다. 지금부터 우리가 경험한 세 가지 유형의 개발자를 함께 알아보며 개발자의 입장을 이해해보자.

안 된다는 말을 달고 사는 개발자

많은 사람들이 개발자하면 떠올리는 부정형 개발자를 알아보자. 이 유형의 개발자와 협업을 할 때 난관에 부딪히는 경우가 많다. 하지만 무작정 안 된다는 말을 부정적으로만 들어서는 안 된다. 개발자들의 부정에는 여러 가지 의미가 내포되어 있기 때문이다. 따라서 개발자들이 안 된다고 말하는 이유를 파악할 수 있다면 얼마든지 원활하게 협업을 할 수 있다. 여기에서는 '개발자의 부정'에 대한 대표 유형 3가지를 이야기해보려고 한다.

첫 번째는 서비스 구조를 고려하지 않고 개발을 요청하는 경우다. 개발을 요청할 때는 서비스의 기본 구조나 기능, 정책, 히스토리 등을 같이 고려해야 한다. 그리고 이를 제대로 요청하려면 기본적으로 알고 있어야 하는 지식들이 있다.

협업 경험이 적을수록 모르는 부분이 많을 수밖에 없다. 신입, 경력직을 따질 것 없이 누구나 한 번쯤은 겪게 되는 일이기 때문에 크게 실망할 필요는 없다. 앞에서 이야기한 것처럼 협업은 누구에게나 호흡을 맞출 시간이 필요하다. 이럴 때는 적극적으로 질문해서 이유를 파악하고 빠르게 지식을 습득하는 것이 중요하다. 이 과정을 반복하면서 협업에 필요한 지식이 쌓이면 눈에는 보이지 않는 가이드라인^{guide-line}이 만들어진다. 이때부터 개발의 경중을 파악할 수 있게 되고 무거운 개발 요청일수록 조심스럽게 접근할 수 있게 된다.

두 번째는 안정성에 영향을 주는 개발 건을 요청하는 경우다. 개발자는 항상 새로운 문제를 직면하고 해결하는 것을 즐기는 직업이지만 이와 동시에 서비스의 안정성을 매우 중요하게 생각한다. 만약 우리가 요청한 신규 개발 건 때문에 안정적으로 유지되던 부분을 변경해야 한다면 일단 거절할 가능성이 높다.

특히 데드라인이 짧고 개발 범위가 넓은 경우에는 거절 당하기 쉽다. 개발은 기능을 구현하는 것뿐만 아니라 테스트할 시간도 필요하다. 이런 상황들을 고려해주지 않은 채로 요청하게 되면 거절 당하기 쉽다. 이럴 때는 넉넉한 개발

시간을 확보하거나 단계별 개발이 가능하도록 넓은 개발 범위를 세분화하여 요청하고, 개발 예정인 기능의 우선순위를 조정해주는 등의 방법을 활용해서 요청해보자. 그러면 개발자와 더 원활하게 협업할 가능성이 높아진다.

세 번째는 쌓인 일이 많을 때 개발을 요청하는 경우다. 일이 쌓여 있지 않은 사람이 누가 있냐고 반문할 수 있지만 한 번쯤은 개발자의 입장에서 생각해볼 필요가 있다. 일반적으로 서비스 개발은 기획 〉디자인 〉개발 순으로 진행되는데, 기획자와 디자이너의 선행 과정이 끝나면 제일 마지막으로 개발자가 일을 시작할 수 있다. 개발자가 개발을 진행하는 사이에도 기획자와 디자이너는 또 새로운 기획과 디자인을 할 수 있고 개발하는 중간에 또 새로운 개발을 요청을 하게 된다.

이러한 상황이 계속 반복되다 보니 기획자와 디자이너를 일을 시키는 사람으로 받아들이게 되고, 일단 안 된다는 말을 습관처럼 하고 보는 개발자들이 많다. 개발자는 새로운 기능을 만들거나 개선하는 일이 전부가 아니다. 서비스를 안정적으로 운영하기 위해 기능의 장애를 처리하거나 유지보수를 하는 등 크고 작은 일들이 계속해서 반복된다. 이런 상황에서 요청이 많아지면 자연스럽게 부정적인 액션을 취할 수밖에 없다.

보통 이런 성향은 신입 개발자보다 경력 개발자에게 도드라지게 나타난다. 신입 개발자는 일에 대한 열정이 가득해 기능을 구현하는 것 자체에 성취감을 가지는 경우가 많다. 반면 경력직 개발자는 경력을 이어가는 동안 반복되는 요청과 처리 과정에 지쳐있기 때문에 부정적인 반응을 보일 수 있다. 그래서 신입 개발자보단 경력직 개발자를 대하는 것이 훨씬 어렵다. 이런 유형의 개발자를 만난다면 일단 요청하는 순간부터 조심스럽게 접근할 필요가 있다. 그중에서도 제일 중요한 점은 요청하는 일을 지시로 느껴지지 않게 하는 것이다. 개발을 요청할 땐 개발자에게 이유와 목적을 정확히 전달함으로써 목표를 공유하고 같은 방향을 향해 달리는 동지로 만드는 과정이 꼭 필요하다.

지금까지의 경험상, 개발의 영역에서 불가능한 것은 없었다. 대부분 시간이 부족하고 담당할 수 있는 인력이 없기 때문에 못하고 있을 가능성이 높다. 그러므로 개발자의 안 된다는 말을 있는 그대로 받아들일 필요는 없다. 이 유형의 개발자들과 함께하는 협업에서 중요한 것은 빠르게 안 되는 이유를 파악하고 함께 대안을 만들어가는 분위기를 만드는 것이다.

무엇이든 가능하다고 말하는 개발자

개발자의 두 번째 유형은 모두 가능하다고 말하는 무한 긍정형 개발자다. 무엇이든 요청하면 가능하다고 하기 때문에 편하게 협업을 할 수 있다. 그런데 무한 긍정형 개발자와 협업을 할 때도 주의해야 할 점이 있다.

첫 번째는 기능의 구현 가능 여부만 놓고 대답하는 경우이다. 앞서 '기획자 김 군의 협업'에서 잠깐 예시로 언급한 경우지만 이런 일은 의외로 자주 발생한다. '기능이 구현만 되면 되는 것 아닌가?'라고 생각할 수 있지만 협업을 할 때는 항상 시간, 우선순위, 역할 등을 염두에 두어야 한다.

항상 업무에는 마감 기간이 있어야 하고, 병행되어 개발되고 있는 기능의 우선순위도 고려되어야 한다. 예를 들면 기능을 요청하려는데 이보다 우선순위가 더 높은 기능을 개발하는 중이라면, 순위로 미루고 우선순위 높은 기능을 먼저 개발해야 한다. 반대로 현재 요청한 기능이 개발 중인 기능보다 더 중요하다면 우선순위를 바꿔 우선 개발될 수 있게 요청을 해야 계획에 차질이 생기지 않는다. 그런데 개발자들이 우선순위를 생각하지 않고 기능을 완료시킬 수 있다는 생각으로만 접근해서 마감 기간이 다 되었을 때쯤 기획자나 디자이너에게 시간이 부족해서 끝내기 어렵다는 이야기를 하는 경우가 의외로 빈번하게 발생한다.

두 번째는 자신이 담당한 업무만 한정지어 생각하고 가능하다고 말하는 경우가 있다. 우리가 요청하는 개발의 기준은 항상 사용자에게 최종적으로 배포되는 단계까지인데, 개발자 본인이 담당하는 영역만 한정지어 가능하다는 대답을 하는 것이다. 실제로 이렇게 의미를 다르게 해석하고 대답하는 경우가 빈번하게 발생한다. 그래서 오히려 개발자들이 흔쾌히 가능하다고 말하면 두 번 세 번 더 체크를 하게 된다.

이런 경우는 보통 신입 개발자들에게 자주 일어나는데 스스로 우선순위를 정하지 못하고 마감 기간에 대한 생각을 하지 못하는 경우가 그러하다. 그래서 요청하는 기획자, 디자이너가 개발자의 진행 과정을 일일이 챙겨야 하는 문제가 발생한다. 하지만 기획자와 디자이너도 여러 가지 일을 하기 때문에 개발 진행 과정을 일일이 파악할 수 없다. 물론 팀장급 개발자가 있다면 이런 문제를 덜어낼 수 있지만 의외로 매니지먼트 역할을 하는 팀장이 없는 회사도 많다. 그래서 기능 개발에 필요한 담당 개발자와 다이렉트로 일을 하게 되는 경우가 있다.

따라서 모두 가능하다고 말하는 개발자와 협업할 때는 항상 조건들을 확실하게 붙여서 요청을 해야 한다. 기획서도 디자인 시안도 이전보다 꼼꼼히 체크해야 한다. 이 유형의 개발자는 있는 그대로 보면서 개발하기 때문에 이상하다고 느껴지거나 부족한 부분을 따로 이야기해주지 않는다. 이 모든 상황을 고려했을 때도 가능하다고 말하는 개발자가 있다면, 우리의 요청을 들어주기 위해 밤낮 가리지 않고 일하고 있을 가능성이 높으니 커피 한 잔이라도 건내면서 자주 감사의 마음을 전달하자.

대안을 제안하는 개발자

일을 하다 보면 미처 예상하지 못한 변수가 있거나 경우의 수를 고려하지 못하는 경우가 발생한다. 가끔 이런 실수들이 서비스에 큰 영향을 미치게 되는데, 이런 문제를 미리 발견하고 피드백을 주거나 대안을 제시해주는 제안형 개발자가 있다. 보통 경력직인 경우가 많고, 협업 경험이 풍부하다. 이 유형의 개발자는 한 회사에 최소 한 명 정도는 있다. 회사에서도 이런 성향을 알아보고 리더급의 역할을 부여하는 경우가 많다.

이 유형의 개발자는 비즈니스와 사용자에 대한 이해도가 높고, 난이도가 높은 기능을 요청했을 때 안 된다는 말을 하기보다는 대안을 제시한다. 업무가 많을 경우에는 개발의 우선순위를 조율하고 담당자의 R&R^{Role and Responsibilities}을 정해서 일정 협의까지 일사천리로 진행한다. 이들은 업무에 대한 책임감이 강하고 협업에 대한 이해도가 높아 중간중간 발생할 수 있는 변수에 대해 빠르게 피드백을 해준다.

이런 개발자를 만나면 신입 기획자/디자이너도 마음 편하게 일할 수 있다. 부족한 부분을 지적하기보다 채워주기 위해서 노력한다. 안 되는 이유도 하나씩 차근차근 설명해주기 때문에 서비스를 이해하는 것도 훨씬 수월하다. 이런 개발자와 협업하다 보면 쉽게 개발 지식을 습득하고 성장할 수 있다. 누구와든 좋은 시너지를 낼 수 있는 유형이라 누구나 함께 일하고 싶어하는 워너비 개발자다.

이해를 돕고자 개발자의 유형을 정리했지만, 우리가 생각하는 좋은 개발자는 회사의 성장을 위해서 문제를 발굴하고 계속해서 해결하려는 개발자라고 생각한다. 회사 또는 팀이 추구하는 목표 의식을 공유하고 함께 해결해갈 수 있는 개발자를 만났다면 거의 천운을 얻은 것과 같다. 우리 비즈니스에 필요한 것이 무엇인지, 고객이 원하는 것이 무엇인지를 함께 생각해주는 개발자라면 무조건 가까워지자. 우리가 만들어갈 서비스의 완성도를 200% 이상 높여줄 것이다.

협업을 잘하는 개발자

개발자는 기획자에게 요청 받은 기능을 검토해서 기능을 구현할 방법을 찾아 개발한 뒤, 최종 테스트를 거쳐 배포하는 일을 반복한다. 이 과정 속에서 개발자도 지쳐간다. 게다가 항상 일이 쌓여있는 터라 건강을 관리하기 어렵고 잦은 야근으로 지친 기색이 가득하다. 그래서인지 퉁명스럽거나 예민해져 있는 경우를 자주 보게 된다. 하지만 모두가 그렇지는 않다. 힘든 상황 속에서도 우리가 물어보는 질문에 적극적으로 답해주거나 새로운 문제를 해결하는 것을 즐기는 개발자들이 있다. 지금부터 협업을 잘하는 개발자들에 대해 알아보자.

집요한 문제 해결

개발의 과정은 문제 풀이에 가깝다. 원하는 기능 하나를 구현하기 위해 수차례 코드를 작성하고 수정하는 과정을 거듭해 정답을 찾아간다. 서비스에 발생한 장애도 새롭게 만들어야 할 기능도 개발자에게는 모두 풀어야 할 문제인 것이다. 그래서 협업을 잘하는 개발자는 이 문제를 해결하는 데 상당히 집요한 점이 있다. 우리가 제시한 문제나 개발자 스스로 발굴한 문제를 해결할 때까지 집요하게 분석하고 수정하여 원하는 결과를 만들어낸다. 이들은 항상 일에 대한 집착과 의욕이 넘치기 때문에 어떤 어려운 문제든 함께 해결해감으로써 즐거움을 느낀다.

비즈니스를 이해하는 눈

좋은 서비스를 만들기 위해 노력하는 이유는 궁극적으로 회사를 성장시키고자 하기 위함이다. 회사가 성장하면 뛰어난 인재를 채용함과 더불어 많은 자원을 투자할 수 있게 되고, 이는 다시 서비스가 성장할 수 있는 더 큰 발판이 된다. 모든 회사는 이러한 순환 구조를 만들기 위해 노력한다. 그런데 회사가 중요하게 생각하는 것과 개발자가 중요하게 생각하는 것은 다를 수 있다. 이때 비즈니스를 이해하지 못하는 개발자가 있다면 이들을 설득해야 한다. 다만 이 과정이 반복되면 커뮤니케이션 비용은 계속해서 발생하고 실행은 점점 느려진다. 반면에 비즈니스를 이해하는 개발자는 고객의 관점에서 먼저 생각하고, 회사에 이익을 가져다 줄 수 있는 것이 무엇인지를 고민하여 더 좋은 대안을 제시하기도 한다. 그러면 자연스럽게 커뮤니케이션 비용은 줄어들고, 서비스를 빠르게 실행하고 검증하는 과정을 통해 여러 가지 비즈니스 모델을 시험해볼 수 있다. 이들은 스스로 비즈니스를 운영할 수 있는 정도의 능력을 갖추었다고 볼 수 있기 때문에 많은 회사에서 찾는 인재상이다.

쉽게 말하는 소통의 기술

협업에서는 모두가 이해하기 쉽게 소통하는 것이 중요하다. 그런데 자신의 전문 지식을 뽐내기 위해 일부러 어렵게 말을 하거나 자신의 생각을 조리 있게 설명하지 못하는 개발자들이 있다. 협업을 잘하는 개발자들은 보통 누구나 이해하기 쉽게 말하는 기술을 갖고 있다. 상대방의 입장을 생각하는 능력이 있기 때문에 핵심을 빠르게 파악하고 대화의 주제에 맞게 대화를 이어간다. 이런 특징을 가진 개발자들은 개인 블로그에 정기적으로 포스팅을 하거나 커뮤니티 활동을 즐겨하는 경우도 많다. 다양한 사람들과의 소통을 자주하다 보니 생각을 논리적으로 정리하거나 좋은 표현력을 갖추게 된다. '개발자들에게는 컴퓨터가 유일한 친구'라는 말이 있을 정도로, 개발자는 사람들과 대화를 즐기는 편은 아니기 때문에 소통을 잘하는 개발자는 희귀한 편에 속한다.

체계적인 업무 관리와 빠른 피드백

개발자는 요청을 받은 업무를 마지막에 처리하기 때문에 항상 일이 쌓인 상태로 일을 하게 된다. 거의 매일 새로운 일이 생기기 때문에 업무를 체계적으로 관리하는 습관이 매우 중요하다. 여기에서 말하는 업무 관리는 업무를 정리하는 것뿐만 아니라 업무 일정을 조율하는 것, 담당한 업무를 정해진 시간 내에 끝내는 것, 변하는 상황에 따라 피드백을 하는 것까지 모든 과정을 포함한다. 팀에는 항상 목표가 있고 그 목표를 달성하기 위해 각자의 역할을 분담하고 시간에 맞춰 일을 한다. 협업을 잘하는 개발자는 자신의 업무 현황을 잘 알고 있다. 그렇기 때문에 일정 조율을 잘하고 갑작스럽게 업무 지연이 발생하는 상황에서도 팀원들이 대안을 마련할 수 있도록 빠르게 피드백을 해준다. 체계적인 업무 관리와 빠른 피드백은 업무에 대한 책임감과도 깊은 연관성을 가진다. 이는 비단 개발자뿐만 아니라 일을 잘하는 모든 사람들이 공통적으로 갖고 있는 특징이다.

개발자에게 하면 안 되는 말

협업을 할 때 개발자와 좋은 관계를 쌓아두면 개발을 요청하는 것에 대해 두려움이 줄어들고 우리의 이야기에 경청해준다. 하지만 아쉽게도 개발자들과 일상적인 대화를 하는 것조차 어려워하는 경우가 많은데, 알고 보면 개발자만큼 우직하고 단순한 성격도 없다. 보통 어떤 이야기를 해야 할지 모르는 경우가 많은데, 개발자들은 관심 분야가 생기면 파고들어 연구하는 성향이 있다. 개발자와 처음으로 이야기한다면 이들의 관심 분야를 주제로 시작하는 것이 좋다. 그러면 자신이 알고 있는 지식 보따리를 술술 풀어내고 친해질 수 있는 기회가 생긴다. 하지만 개발자와 친해지는 것이 어려운 사람들도 있을 것이다. 그런 사람들은 개발자에게 하면 안 되는 말만 알고 있어도 관계가 나빠지는 것을 방지할 수 있다. 지금부터 개발자에게 하면 안 되는 3가지 말에 대해 알아보자.

간단한거죠? 일단 해주세요

협업을 할 때 상대방의 역할을 존중하는 것은 매우 중요하다. 그런데 의외로 많은 사람들이 이 점을 간과해 개발자의 일을 간단한 것이라 판단하고 단정지어 이야기한다. 보통 급하게 기능이 개발되어야 하는 경우에 발생하게 되는데, 스스로 쉬운 일이라 판단하고 앞뒤 설명 없이 일단 해달라고 몰아친다. 눈으로 보기에는 간단해보이는 일이더라도 서비스는 하나의 인격체처럼 연결되어 있기 때문에 단순하게 생각해서는 안 된다. 작은 기능 하나를 변경한다 하더라도 이것이 다른 기능에 큰 영향을 미치거나 서버에 과부하가 걸리기도 한다. 우리는 필요한 기능만 이야기하고, 이 기능이 간단한 일인지 아닌지는 무조건 개발자가 판단할 수 있게 해야 한다. 설령 텍스트 문구를 수정하는 일이라 해도 말이다.

이거 (특정 기간)까지 개발해주세요

회사에 따라서는 개발자를 요청하는 일을 처리해주는 사람으로 생각하는 경우가 있다. 하지만 이런 사고는 잘못된 협업 방식을 낳는다. 협업은 일방적으로 지시하고 이행하기 위해 하는 것이 아니라, 서로의 다양한 의견을 듣고 조율하는 과정을 통해 더 좋은 방법을 찾고 개선하기 위한 것이다. 개발자와 아무런 협의 없이 기간을 특정해서 개발해달라는 것은 매우 잘못된 행동이다. 물론 우선순위가 높고 급하게 개발해야 하는 경우가 발생할 수 있다. 그렇다 하더라도 먼저 개발팀의 의견과 업무 현황을 묻고, 긴급히 요청한 건에 대해 개발이 필요한 이유와 일정을 이야기함으로써 의견을 좁혀나갈 수 있다. 자신이 배려를 받지 못한다는 느낌이 들면 할 수 있는 일도 하기 싫게 된다. 자신이 존중을 받기 위해서는 다른 이를 먼저 존중하는 자세가 필요하다.

타 서비스에서는 제공하던데요?

　이 말은 보통 개발을 요청하고 거절 당했을 때 무의식 중에 하는 경우가 많다. 하지만 전달하려는 의도가 무엇이든 개발자의 실력에 의구심을 품거나 평가 절하를 당한다는 느낌을 받을 수 있기 때문에 절대해서는 안 된다. 개발자 뿐만 아니라 누구에게든 비교를 하지 않는 것이 예의이다. 앞서 '우리가 만난 세 가지 유형의 개발자'에서 이야기한 것처럼 개발자들이 안 된다고 말하는 데에는 여러 가지 이유가 있다. 그렇기 때문에 먼저 안 되는 이유를 물어보는 것이 필요하다. 그 이후에 개발을 하기 위해 필요한 선행 조건들을 파악하고, 우선순위에 따라 하나씩 해결하여 협업해나가는 것이 좋다.

- 3 -
협업을 위한 준비물

협업은 혼자하기 어려운 문제를 함께 해결하기 위해 공동의 목표를 세우고 달성해가는 과정이다. 여러분이 만약 개발자의 말이 알아듣기 어려워서 개발을 공부하고 있는 사람이라면, 먼저 협업하는 이유에 대해서 생각해보자. 협업을 하는 이유를 모르면 개발 공부를 하더라도 협업을 잘하기는 어렵다. 이번 장에서는 협업하기 전에 알고 있으면 좋은 정보에 대해 이야기해보겠다.

원활한 협업을 위한 준비

목표를 공유한 동료되기

목적지를 모르는 사공들이 탄 배는 저마다 다른 목적지를 생각하기 때문에 아무리 힘껏 노를 저어도 그 자리를 크게 벗어나기 어렵다. 반면 목적지를 아는 사공들이 탄 배는 노 없이 맨손으로 젓게 되더라도 조금씩 목적지에 가까워진다. 협업도 마찬가지이다. 가장 먼저 해야 할 일은 함께 일하는 사람들끼리 공동의 목표를 공유하고 달성하기 위해 노력하는 것이다.

회사는 서비스를 성장시키기 위해 새로운 문제들을 발굴하고 해결해간다. 이 과정에서 협업팀은 문제의 우선순위에 따라 목표를 설정하고 구체적인 해결방안을 수립하고 실행한다. 이때 중요한 것은 설정한 목표를 팀 모두에게 공유하는 것이다. 목표를 공유 받은 개발자는 개발할 때 생길 수 있는 변수와 리스크는 없는지, 만약 있다면 다른 대안은 있는지 등을 함께 의논하면서 좋은 서비스를 만들어내기 위해 노력한다. 목적지를 향해 모두가 한 방향으로 노를 젓는 것이다.

때때로 설득이 되지 않아 얼굴을 붉히는 경우도 생긴다. 그럼에도 같은 목표를 공유하고 있다면 대부분의 갈등은 목표를 달성하는 과정에 불과하다. 그럴 때일수록 같은 목표를 공유한 팀이라는 생각을 심어주는 것이 중요하다. 만약 상대방의 의견에 부정을 해야 하는 경우가 생기면 다른 대안을 함께 이야기하는 것이 좋다.

협업은 무엇을 실행할지 최종적으로 결정하는 과정이 가장 힘들다. 결정이 되고 나면 각자의 역할에 따라 수행하기만 하면 된다. 협업을 단기간에 잘하기는 쉽지 않다. 사람 또는 상황에 따라 협업하는 방식이 다르기 때문이다. 하지만 팀의 목표를 중심으로 협업을 하다 보면 언제 그랬냐는 듯 원활하게 협업하고 있는 자신을 경험하게 될 것이다.

다른 업무 이해하기

협업을 잘하기 위해서는 다른 업무에 대해서 이해하는 것이 필요하다. 일을 하는 방식에 따라서 사고하는 방법도 달라진다. 좋아하는 것과 예민하게 생각하는 부분도 각기 다르다. 당연히 서로의 일을 이해하고 있으면 조심해서 행동할 수 있다. 지금부터 각각의 업무를 간략히 알아보자.

기획자는 서비스를 개발하기 위해서 경영진부터 디자이너, 개발자까지 가장 폭넓게 소통을 한다. 여러 사람의 이야기를 듣고 정리하는 것이 일상화되어 있고 비교적 유연한 사고를 가진 사람들이 많다. 반면 한번 기준이 정해지면 기준에 따라 팀원들을 설득하기 위해 혈안이 되고, 자신의 의견을 납득시키기 위해 정량적 수치 등과 같은 논리적 근거를 수집하고 대화에 임한다. 그래서 기획자는 분석적인 사고와 논리적인 성향을 가진 경우가 많다. 그렇다 보니 소통할 때는 근거 자료나 예시를 들어 이야기하는 것을 좋아한다. 그리고 스스로 납득이 되지 않으면 인정하지 않으려고 하는 경향이 있다.

디자이너는 기획된 내용을 토대로 사용자의 사용 경험과 시각적인 경험을 디자인한다. 새로운 것을 만들기 위해 창작의 고통을 겪다 보니 자신이 만든 디자인에 지적을 받게 되면 굉장히 민감한 반응을 보인다. 그리고 이들은 간격과 색상에 예민하다. 디자인 시안이 개발될 때 1PX의 오차도 예리하게 찾아내며 색상이 조금만 달라도 캐치해낸다. 디자이너가 디자인 시안과 구축된 결과물의 모습이 다르다고 이야기할 때가 많은데, 이런 행동은 개발자를 괴롭히기 위함이 아니다. 서비스의 완성도는 세심한 디테일에서 온다는 생각이 강해서 작은 오차라도 바로 잡기 위해 노력하는 것이다.

개발자는 기획과 디자인 시안을 토대로 실제 서비스를 구현한다. 프론트엔드 개발자가 서비스의 뼈대와 동작을 구현하면, 백엔드 개발자는 서버와 데이터베이스 등을 구축하여 서비스를 완성한다. 개발자는 문제를 해결하는 데 초점이 맞춰져 있으며, 서비스를 제대로 동작하기 위해 계속해서 코드를 작성하고 수정하는 일을 반복한다. 다만 자신이 관심 없는 분야에 대해서는 무관심한 경우가 많고, 일에 대한 몰입도가 높아 한 가지에 집중하고 있을 때 말을 거는 것을 싫어한다.

기획자, 디자이너, 개발자는 함께 일을 하지만 너무나 다른 사고 방식을 갖고 있다. 어쩌면 이들이 부딪히는 일이 생기는 건 당연할지도 모른다. 그래도 서로 하는 일과 성향을 이해하게 되면 업무를 진행하면서 생길 수 있는 마찰이나 오해의 상황을 줄일 수 있다. 서로의 일을 이해하고 존중하면서 소통해나가자.

개발 지식을 쌓는 순서

소통이 안 되는 이유 파악하기

개발자와 소통이 어려운 이유는 무엇일까? 개발자는 업무의 대부분을 컴퓨터와 커뮤니케이션하기 때문에 자연스럽게 일상의 언어들이 컴퓨터 언어화되어 있다. 그러다 보니 기획자와 디자이너는 평소에 접해보지 않은 개발자의 개발 용어에 당황하게 된다. 이 때문에 미리 겁을 먹고 개발자에게 원하는 사항을 원활하게 요청하기 위해 직접 개발을 공부하겠다고 마음을 먹는 경우가 많다.

의도는 좋지만 하나의 개발 언어를 배우고 습득하는 데 적게는 1년, 길게는 수년이 걸릴 수 있다. 단순히 커뮤니케이션하기 위해 단기적으로 개발 언어를 습득하는 것은 당장 개발자와 프로젝트를 진행하는 데 있어 도움이 되지 않는다는 말이다. 사실 개발자들이 일상에서 쓰는 개발자들의 언어는 그렇게 고급의 단어가 아닌 경우가 많다. 기획자와 디자이너가 개발을 모르는 것은 어쩌면 당연하다. 여기에서 중요한 것은 모르는 것을 부끄러워하지 않고 알아가기 위해 적극적으로 노력하는 자세이다.

필요한 개발 지식 쌓기

소통이 안 되는 이유는 보통 개발 언어를 모르기 때문이 아니다. 개발에 대한 이해도가 떨어지기 때문이다. 그래서 당장 개발 언어를 공부하기보단 서비스의 구조가 어떻게 되어 있는지, 어떤 프로세스를 거쳐 개발되는지, 자주 쓰는 용어는 무엇인지를 먼저 배우는 것이 좋다. 회사에 알려주는 것을 좋아하는 개발자들이 있다면 이들에게 물어보면서 배우는 게 가장 빠르다. 간혹 개발자들이 습관처럼 사용하는 용어가 있지만 개발자들도 설명하기가 애매해하는 경우가 있다. 이때는 단어를 정확히 받아적고 정보를 직접 검색해서 하나씩 알아가는 것이 좋다(참고로 이 책의 PART 04에서는 알고 있으면 좋은 개발 지식을 몇 가지 다루었다).

더 많은 개발 언어 배우기

기초 지식이 어느 정도 쌓여서 더 많은 개발 언어를 배우고 싶다면 회사에서 사용하고 있는 개발 언어나 대중적이고 쉬운 언어부터 시작하는 것이 좋다. 직접 개발을 공부하게 되면 프로젝트를 원활하게 이끌고 개발자와 더욱 긴밀한 커뮤니케이션을 할 수 있다. 이러한 점에서 개발자 출신 PM^{Product Manager}은 굉장히 인기가 많고 몸값도 높다. 아무래도 기획부터 개발까지 모든 프로젝트 범위를 리딩할 수 있어 여러 방면에서 유리한 인재이기 때문이다.

특히 디자이너는 보통 퍼블리싱으로 개발 공부를 시작하는데, 화면의 시각화를 담당하는 HTML과 CSS를 먼저 배우는 것이 일반적이다. 최근에는 퍼블리싱까지 담당하는 디자이너가 점점 많아지고 있다. 하지만 어설프게 개발을 공부하면 자신이 아는 개발 언어의 수준에서 개발자의 일을 판단하여 쉽게 여기는 경향이 있고 스스로의 한계를 만들 수 있다. 직접 개발을 목표로 하는 것이 아니라면 다양한 관점과 프로세스를 익힌다는 생각으로 접근하는 것이 좋고, 직접 개발을 하겠다는 생각이 들면 실제 서비스가 동작하는 단계까지 공부해서 완전히 자기 것으로 만들도록 하자.

- PART 02 -

기획자의 일

- 1 -
서비스 기획 들여다보기

협업을 잘하기 위해서는 상대방을 아는 것만큼이나 자신을 아는 것도 중요하다. 지금까지 개발자에 대해서 이야기했다면 이제부터는 기획자에 대해서 알아보려고 한다. 기획이라는 단어는 어디에 붙여놓여도 어색하지 않다. 생각하는 것을 좋아하는 사람이라면 누구나 한 번쯤은 기획자를 꿈꾼다. 그만큼 보편화되어 있고 장벽이 낮다. 서비스 기획자로서 경쟁력을 갖기 위해서라도 우리가 하는 일에 대해 정확히 알아야 할 필요가 있다.

서비스 기획의 범위

서비스 기획이라는 말은 참 애매하다. 기업 채용공고를 들여다 보면 정체성의 혼란이 오는 경험을 한 적이 있을 것이다. 어떤 회사는 서비스의 화면 설계만 해주길 원하는 곳이 있는가 하면 또 어떤 회사는 신규 상품 기획이나 서비스 전략 등 다양한 업무 능력을 요구한다. 더군다나 요즘에는 서비스 기획자 대신 더 넓은 의미를 가진 PM$^{Product\ Manager}$, PO$^{Product\ Owner}$와 같은 서비스 총괄 책임자를 원하는 경우도 많다.

이런 상황이 발생하는 이유는 기업 문화, 규모, 업무 환경 등의 원인으로 원하는 기획자가 달라지기 때문이다. 이전 회사에서는 시장 분석, 판매 전략 등과 같은 전략적 사고 능력과 함께 보고서 작성, 디자인 스킬 등의 업무 역량이 필요했다. 당시 회사는 임원진 대상으로 보고가 많은 문화였고 서비스를 설계하기 이전에 시장 분석을 통한 시사점 제안을 매우 중요하게 여겼다. 이와 반대로 지인의 회사는 애자일 방법론을 활용하여 가설에 대한 빠른 실행과 검증, 그리고 수치 기반의 가설 검증을 위한 데이터 기반의 기획을 중요하게 생각했다.

> **기획**
>
> "어떤 대상에게 변화를 가져올 목적을 확인하고
> 그 목적을 성취하는 데에 가장 적합한 행동을 설계하는 것"
>
> (출처: 네이버 백과사전)

그렇다면 서비스 기획의 범위는 어디까지일까? 기획의 사전적 의미에 따르면 '어떤 대상에 대해 그 대상의 변화를 가져올 목적을 확인하고 그 목적을 성취하는 데에 가장 적합한 행동을 설계하는 것'이라고 정의하고 있다. 3가지로 요약하면 [대상에 따른 변화에 맞는 목적 확인], [목적을 성취하기 위한 적합한 행동 찾기], [설계하기]로 구분을 지을 수 있는데 이를 서비스 기획에 대입해보자.

첫 번째로 [대상에 따른 변화에 맞는 목적 확인]은 서비스의 비즈니스 방향을 찾는 단계로 볼 수 있다. 서비스를 만들기 이전에 가장 먼저 시장을 분석하고 고객을 찾아 서비스 방향성을 수립한다. 전략 기획자가 별도로 있는 회사는 서비스 기획자가 따로 방향성을 정하지 않아도 되지만, 그렇지 않은 경우에는 서비스 기획자가 CEO 또는 임원진과 함께 분석을 해서 방향성과 목적을 잡는다.

두 번째로 [목적을 성취하기 위한 적합한 행동 찾기]는 앞서 발견한 방향성과 목적에 맞게 구체화할 방안을 찾는 단계이다. 사용자의 니즈에 따라 무엇을 어떻게 제공할지 고민하는 관건이다. 따라서 이 단계에서는 시장 또는 사용자를 분석한 결과를 토대로 핵심 니즈를 찾고, 실제 설계를 진행하기 이전 서비스 개발의 목적을 분명히 한 후 스케치를 한다.

마지막으로 [설계하기]는 스케치를 실제 산출물로 만드는 단계이다. 서비스 기획자의 최종 산출물은 화면 설계서다. 화면 설계서를 작성함으로써, 앞선 과정에서 나온 여러 가지 생각을 실제 서비스 형태로 구현하는 데 원활한 커뮤니케이션을 할 수 있도록 한다.

즉, 서비스 기획자는 서비스의 방향성에 따라 목적과 기준을 정하고 구체적인 실행 방법을 설계하고 제안하는 역할인 것이다. 그렇기 때문에 누구보다 비즈니스에 대한 이해도가 높아야 하며 사용자 니즈 파악은 물론, 다양한 분석을 통해 문제를 발견하고 해결하는 능력까지 고루 갖춘 팔방미인이 되어야 한다. 만약 지금까지 서비스 기획자를 화면 설계만 하는 역할로 생각하고 있었다면 개념을 재정의하자.

인하우스와 에이전시의 기획자

기획자가 일하게 될 회사 유형은 인하우스와 에이전시 2가지로 나누어볼 수 있다. 유형마다 일하는 방식이 크게 다르다. 어떤 회사에서 첫 커리어를 시작하느냐에 따라 향후 커리어가 갈릴 수 있으니 신중히 선택하는 것이 좋다.

먼저 인하우스는 내부에서 직접 서비스를 만들어 운영하는 방식을 가진 회사다. 배달의민족, 쿠팡 등 우리가 아는 웬만한 웹/앱 서비스들은 인하우스 기업으로 내부에서 직접 서비스를 만들어 운영한다. 인하우스는 내부에 서비스를 개발하기 위한 기획팀, 디자인팀, 개발팀이 있고 각 팀 간 긴밀한 협업을 통해 서비스를 성장시켜 나간다.

인하우스의 기획자는 서비스 로드맵을 구상하고 이에 따라 서비스가 성장하는 과정을 직접 경험하게 된다. 또 사용자의 니즈에 따라 다양한 시도를 하면서 고객 반응을 토대로 서비스를 성장시켜 간다. 하지만 인하우스 기업은 초기에 선택한 분야 외에 다른 분야를 경험하기 어렵다. 경력이 쌓일수록 한 분야에 전문성이 생기면서 분야의 폭이 좁혀진다. 내 경우에는 B2B 분야로 커리어를 시작해 7년이 된 현재까지도 B2B 분야에 몸 담고 있다. 그만큼 한번 정하면 다른 분야로 넘어가기 쉽지 않기 때문에 취업을 준비할 때는 분야도 함께 고민해야 한다.

　인하우스 기획자는 주로 서비스 발전을 위한 업무를 지속적으로 반복한다. 이를 테면 서비스 성장을 위한 신규 기능을 발굴하거나 기존 기능을 개선하여 사용자 지표를 높이는 등의 업무를 한다. 그리고 기술의 빠른 발전으로 실제 고객 데이터를 수치로 확인하는 것이 쉬워진 만큼, 여러 데이터를 활용해서 서비스를 성장시킬 수 있는 역량이 강조되고 있다. 와이즈앱에서 조사한 2020년 8월의 숙박 업소의 사용자 분포표를 보면, 야놀자의 경우 사용자의 60%가 20~30대이고, 아고다는 60%의 사용자가 40~50대다. 이렇게 비슷한 유형의 서비스라도 주 고객층이 다르다는 것을 알 수 있다. 서비스 기획을 할 때에는 이런 고객 지표가 반영되어야 한다.

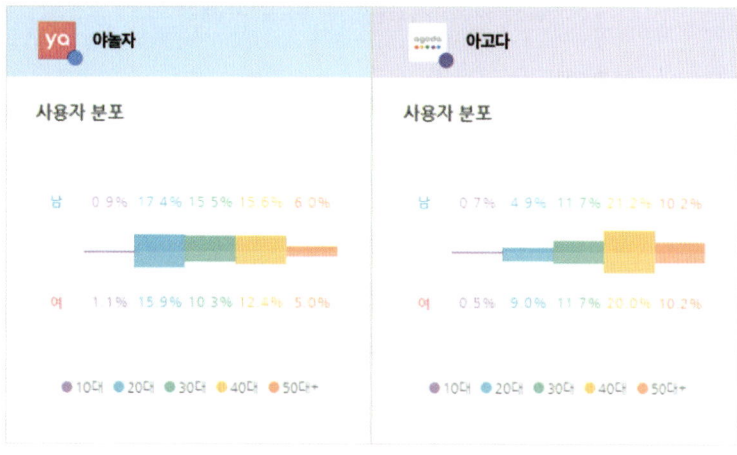

야놀자와 아고다의 사용자 분포 비교

만약 40~50대 사용자를 위한 서비스 개선 기획을 진행한다면, 서비스 내 폰트의 크기를 확대/축소할 수 있는 옵션을 제공하거나 숙소 검색 시에 지역을 기반하여 자동으로 숙소를 추천함으로써 사용성을 강화하고, 일일이 찾는 것이 번거로운 이들을 위해 숙박과 레저 등 여러 상품들을 결합한 패키지 상품을 상위 노출시켜서 선택을 유도하는 방법으로 신규 상품을 서비스에 녹여낼 수 있다.

다음으로 에이전시의 기획자가 하는 일에 대해 알아보자. 에이전시는 클라이언트의 요청에 따라 서비스를 대신 개발해주는 회사를 말한다. 보통 클라이언트가 제시하는 RFP^{제안요청서, Request For Proposal}에 맞춰 서비스를 개발해주는 대가로 수입을 얻는다. RFP는 클라이언트가 만들고자 하는 서비스에 필요한 필수 개발 요청 항목을 적어둔 문서인데 에이전시에서는 해당 RFP에 따라 구체적인 기능 항목을 제안하고 최종적으로 협의가 되면 SI 프로젝트를 진행하게 된다.

2021년 ○○○ 기업 쇼핑몰 개발 RFP 정의서 (예시)

사업 개요
2021년 오프라인 기반의 비즈니스에서 온라인으로 시장 확대을 위해 ○○○기업의 온라인 쇼핑몰 개발 구축을 위함

주요 개발항목

분류	기능	상세내용
사용자	회원가입/로그인	회원가입 및 로그인 제공
메인	배너	홈페이지 메인 롤링 배너 제공
	상품 자동추천	Best 상품 추천, 큐레이터 추천, AI 자동추천
	카테고리	여성, 남성, 악세서리 등 제품군 분류
상세페이지	상품정보	상품 상세 정보 제공
	사용후기	사용자 사용 후기 제공
	상품문의	사용자 상품 문의 기능 제공
관리자	대시보드	사용자/상품/매출 통계 현황 제공
	사용자관리	사용자 계정 관리 및 VIP 고객 관리
	상품관리	신규 상품 등록 및 정보 수정, 반품/환불 등 관리
	매출관리	일별/주별/월별 매출 현황 제공

쇼핑몰 개발 RFP 예시

에이전시는 보통 워터폴 개발 방법론[1]으로 개발을 진행한다. 기획 단계에서 클라이언트의 최종 컨펌을 받아야 개발을 진행할 수 있기 때문에 기획 단계를 더욱 꼼꼼하게 설계하는 것이 중요하다. 또 기획이 클라이언트에게 컨펌이 되고 나면 무조건 개발을 해야 하므로 기획 단계에서 개발자와 긴밀한 협의를 통해 개발 가능 유무와 공수 기간을 꼭 확인해서 설계해야 한다.

에이전시의 기획자는 프로젝트 팀에 소속되면 세부 기능 명세서를 작성하는 업무부터 시작한다. 에이전시는 서비스 시작부터 끝까지 모든 과정을 경험할 수 있다. 따라서 비교적 짧은 시간에 크고 작은 규모의 다양한 프로젝트에 참여할 수 있다는 장점이 있다. 신입 기획자의 경우 선배 기획자의 일을 보조하면서 빠르게 성장할 수 있고 양질의 레퍼런스를 쌓을 수 있는 기회가 많다. 하지만 계약 관계로 일하는 만큼 데드라인이 정해져 있어 시간에 쫓기며 일하는 경우가 많고 야근이 잦은 편이다. 또 일반적으로 서비스를 성장시키는 일보다 매번 새로운 프로젝트에 투입되어 처음과 끝을 완성하는 것을 반복하는 형태로 업무가 정형화되어 있다.

앞서 이야기한 것처럼 어떤 회사를 선택하느냐에 따라 하는 일이 크게 달라진다. 각각 장단점이 있기 때문에 무엇이 더 낫다고 말하기는 어렵다. 그리고 사람마다 선호하는 업무 유형도 다르다. 정형화된 일을 하는 것을 편하게 느끼는 사람이 있는가 하면, 또 어떤 사람은 새로움과 변화를 즐거워한다. 자신의 성향에 대해 먼저 고민해본 후 즐겁게 일할 수 있을 것 같은 회사를 선택하는 것이 좋다.

---

[1] 워터폴 개발 방법론: 개발하기 전 전체 서비스 기획을 완료하고 결정권자의 최종 컨펌을 받은 후에 개발을 진행하는 개발 방법론

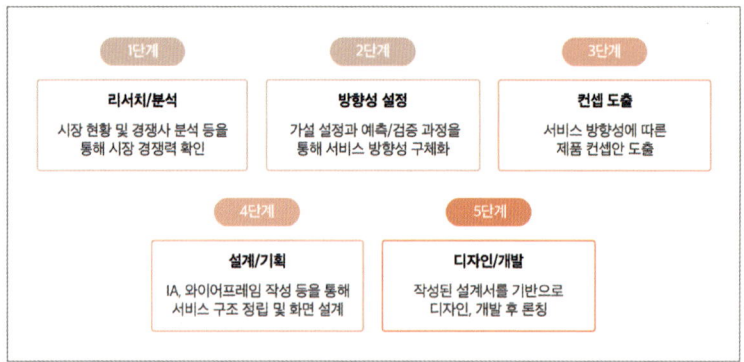

서비스의 탄생 과정

  기획자에게 서비스의 방향성은 중요하다. 하지만 서비스의 방향성을 제대로 이해하는 것은 쉽지 않다. 대부분 이미 서비스가 만들어진 회사로 취업하는 게 일반적이기 때문에 어떤 과정으로 서비스가 만들어졌는지 알기 어렵다. 신사업 TF팀도 관련 사업에 대한 이해도가 높은 사람들 위주로 모아 만들기 때문에 경력직이라도 시작을 경험하지 못하는 경우가 많다. 그래서 신입뿐만 아니라 경력직도 서비스가 만들어지는 정확한 과정을 알기 어렵다.

  서비스의 시작은 대개 아주 작은 아이디어에서 출발하는 경우가 많다. 길을 걷다가 갑자기 떠오른 생각이나 당장 본인에게 필요하다고 느끼는 것에서도 서비스는 시작된다. 이 사소한 아이디어가 실제 서비스로 만들어지기까지 여러 단계를 거치게 된다.

  그 첫 단계로, 아이디어가 시장에서 실제로 경쟁력이 있는지를 파악한다. 시장 리서치와 분석을 통해 시장의 규모, 경쟁 업체, 주요 타깃 등을 파악하여 실제 서비스가 구체화되었을 때의 예상되는 가치를 확인한다.

  시장 가치와 경쟁력에 대한 확신이 들었다면 서비스의 주요 타깃을 정하고 방향성을 구체화한다. 시장 분석한 결과를 토대로 가장 주요 고객이 될만한 타깃(페르소나)을 정해서 예상되는 행동을 유추하고 시뮬레이션하는 과정을 통해 최종 목표 고객에 대한 가설을 설정한다. 이 가설은 서비스 초기 방향성이 된다. 다음으로 페르소나와 가설에 따라 서비스의 주요 기능들을 정리하고 핵심 기능 중심으로 PoC^(Product of Concept)를 만들어 실제 예상되는 서비스의 형태를 시각화함으로써 한 번 더 방향성을 검증하고 서비스 진행 유무를 최종적으로 판단한다.

이 단계까지 완료되면 이제 실제 서비스를 개발하기 위해 상세한 기능 명세서를 작성하고 서비스의 구조를 잡는 IA^(Information Architecture)를 작성한다. 이 과정에서 개발자와 긴밀한 협의가 진행되고 개발 범위, 일정, R&R^(Role and Responsibilities) 등을 확정한 최종 WBS^(Work Breakdown Structure) 문서를 작성한다.

이 모든 과정이 끝나면 본격적인 화면 설계 작성을 진행하게 된다. 이 과정까지 모두 참여하게 되면 서비스의 방향성을 잡는 일은 그렇게 어렵지 않다. 하지만 회사마다 진행하는 정도가 다르다. 내가 다녔던 회사는 방향성 검증 과정에만 6개월이 걸렸다. 내부의 이해 관계자들을 설득하기 위한 보고들이 수십 차례 반복되었고 그 과정을 통해 서비스의 경쟁력과 방향성을 찾았다. 긴 시간을 걸쳐 서비스의 가치와 방향성을 검증하는 만큼 모든 과정이 문서화되어 남아 있었다. 그렇기 때문에 기획자들이 참고할 수 있는 문서가 많았고 서비스의 방향성을 쉽게 파악할 수 있었다.

반대로 스타트업은 기본적인 시장 조사와 타깃을 정해서 일단 빠르게 MVP^(Minimum Viable Product)를 출시하는 데 주력하는 경우가 많다. 현실적으로 스타트업에서 6개월 동안 문서를 작성하는 데 시간을 할애하기 어렵다. 특히 극초기 스타트업이라면 CEO의 아이디어에서 시작해서 빠르게 분석하고 초기 제품을 출시하는 데 집중하기 때문에 서비스의 방향성을 정의한 문서가 없을 가능성이 높다. 내가 다닌 스타트업에서도 이런 과정을 문서화해서 체계적으로 정리한 곳은 없었다. 대신 스타트업에서는 동료들과 실행을 하면서 방향성을 보완한다는 장점이 있다. 그래서 스타트업의 기획자는 빠르게 변하는 상황에 민감하게 반응할 수 있어야 한다.

방향성을 강조하는 이유는, 회사가 성장하기 위해서는 방향을 정확하게 알고 실행하는 것이 중요하기 때문이다. 방향성을 잘 잡는 기획자는 협업에서도 강한 영향력을 발휘한다. 협업은 여러 사람과 일을 하는 것이다 보니 각자의 입장에서 생각하고 다양한 관점이 제기될 수밖에 없다. 다른 관점을 존중하는 것도 중요하지만 서로 다른 관점을 하나로 모으는 역할도 중요하다. 그러면 디자이너는 시각적으로 더 예쁜 것을 만들기 위해 고민하고 개발자는 어떻게 빠르고 안정적으로 개발할 수 있을지 고민한다.

그런데 아무리 예쁜 디자인이라 할지라도 사용성이 떨어질 수 있고, 안정성을 과하게 추구하면 서비스에 꼭 필요한 것을 만들지 못하게 될 수도 있다. 이때 기획자가 서비스의 방향성에 따라 기준을 제시하면 고민의 범위를 확장시켜 잘 팔리는 예쁜 디자인을 고민하게 되고, 서비스 성장에 필요한 기능을 개발하기 위해 우선순위를 조정하고 안정적으로 개발할 수 있는 대안을 고민하게 된다. 협업을 잘하기 위해서는 회사의 방향성에 맞게 기준을 제시할 수 있어야 한다는 사실을 꼭 기억하자.

이유와 기준이 있는 기획

앞서 서비스 기획자는 서비스의 방향성에 따라 목적과 기준을 정해 구체적인 실행 방법을 설계하고 제안하는 일을 한다고 말했다. 그렇다면 제안을 잘하기 위해 필요한 것은 무엇일까? 먼저 제안은 자신의 의견을 통해 상대방을 설득하기 위한 주장이다. 협업을 할 때 기획자는 팀의 목표 달성을 위해 생각한 방법을 주장하고 구성원의 동의를 얻는 과정을 반복하게 된다. 이때 주장의 설득력을 갖추려면 이유와 근거를 탄탄히 정리해두는 것이 필요하다.

기획자들이 설계를 할 때 가장 먼저 유명한 서비스를 참고하는 이유가 무엇일까? 사람들의 신뢰가 높은 유명한 서비스를 주장의 근거로 삼으면 설득력이 생기기 때문이다. 그래서 신입 기획자들은 본능적으로 "글로벌 서비스에서 제공하고 있어요."라는 말을 한다. 하지만 유명한 서비스는 만능이 아니다. 우리 서비스의 방향성이나 정책, 환경 등에는 맞지 않을 수 있기 때문이다.

기획자에게 있어 이유와 근거는 항상 우리 서비스와 고객에서부터 시작해야 한다. 유명한 서비스에서 벤치마킹을 하더라도 기준은 우리 서비스에서 뻗어 나가야 한다. 그 이유가 타당할수록 주장에 설득력이 생긴다. 협업에서 사람들의 설득을 이끌어내는 것도 기획자의 중요한 역량 중 하나다. 주장에 대해 정확한 이유를 제시하지 못한다면 개발자와의 협업에서 어려움을 겪을 가능성이 높다.

또 기준을 잡는 일도 중요하다. 요즘은 기업 내에서도 수평적 소통 문화가 보편화되면서 다른 관점의 이야기를 들을 수 있다는 장점이 있다. 하지만 업무엔 항상 데드라인이 있고 결정을 해야 한다. 이때 기준이 없으면 선택에 어려움을 겪고 실행에 문제가 생긴다. 그래서 항상 협업을 할 때는 기준을 만들고 공유하는 것이 필요하다. 모든 사람의 의견을 듣다 보면 앞으로 나아갈 수 없기 때문이다.

협업의 기준을 잡는 가장 중요한 방향점은 회사의 성장이다. 실무를 하다 보면 자신이 원하는 것과 회사가 원하는 것 사이의 기로에서 기준을 잃어버릴 때가 있다. 하지만 우리가 일을 하는 이유는 회사의 성장이라는 것을 잊어선 안 된다. 자칫 방향성을 잃으면 함께 했던 모든 노력이 헛수고가 될 수 있다. 세워 놓은 기준은 객관적이면서 나를 포함한 모두에게 동등하게 적용되어야 한다. 개발자는 문제를 해결하려는 성향이 강하다. 설득을 할 때 객관적인 기준에 따라 타당한 근거와 이유를 만들어 주장하고 문제 의식을 공유하게 된다면 보다 쉽게 설득할 수 있을 것이다.

시각화를 통한 최종 점검

기획은 상상을 구체화하는 일이다. 그런데 텍스트로 작성된 설명만으로는 실제 서비스의 모습을 상상하기가 어렵다. 가장 좋은 대안은 직접 시각화해서 눈으로 보는 것이다. 실제 서비스를 개발해서 본다면 정말 좋겠지만 시간과 비용의 문제 때문에 현실적으로는 어렵다. 그래서 실제 개발하기 이전에 시각화된 형태의 프로토타입prototype을 만든다. 프로토타입은 서비스의 핵심 기능을 주요 사용자의 행동 프로세스에 따라 사전 검증해보기 위한 목적으로 사용한다.

상상을 시각화해서 보면 훨씬 직관적인 판단이 가능해진다. 이렇게 서비스의 모습을 미리 예상하면 방향성을 구체화하는 과정에서 부족한 점을 알고 보완할 수 있다는 장점이 있다. 검증이 끝난 프로토타입은 서비스의 큰 뼈대가 되어 개발된다. 기획자는 항상 객관적인 시선에서 자신의 서비스를 바라보는 것이 중요하다. 핵심 사용자의 관점에서 우리가 만들 서비스의 가치를 판단해

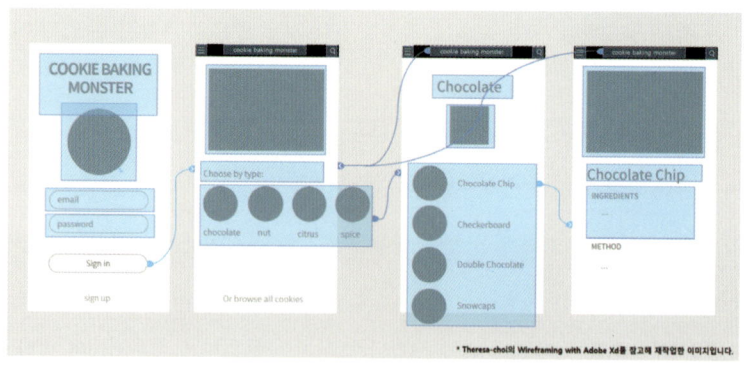

프로토타입 예시

보는 것이다. 그렇기 때문에 누구보다 고객을 잘 이해하고 있어야 한다.

  이 단계에서 통과되지 못하고 끝나는 프로젝트도 많다. 하지만 보류되었다고 하더라도 실망할 필요는 없다. 프로토타입의 목적부터 프로젝트의 실패를 미리 예방하고 마지막으로 서비스 가치를 검증하기 위해 만드는 것이기 때문이다. 이런 상황을 초기에 방지하기 위해선 시장과 고객을 집요하게 분석하고 성장 가능성에 대한 객관적인 근거를 만들어야 하며 서비스가 성장할 것이라는 확고한 믿음이 필요하다.

– 2 –
협업을 위한 사전 준비

지금까지 서비스 기획자의 일과 서비스가 만들어지는 과정을 알아보았다면, 이번 장에서는 원활한 협업을 위해 기획자가 꼭 알고 있어야 할 정보를 이야기하려고 한다. 앞서 이야기 했지만 기획자는 화면 설계를 하는 사람이 아니다. 방향성에 따른 목적을 정하고 달성해가야 한다. 그러나 기획자 혼자의 힘만으로는 불가능하기 때문에 여러 사람과의 협업이 꼭 필요하다. 협업을 잘하기 위해 필요한 조건을 하나씩 알아가보자.

전체를 한눈에 파악하는 IA
서비스 구조를 쉽게 이해하는 방법

협업을 잘하기 위해서는 서비스 전체를 볼 수 있는 IA$^{Information\ Architecture}$를 작성할 수 있어야 한다. IA는 서비스 전체를 체계적으로 구조화한 문서다. IA를 잘 작성하기 위해서는 구조적인 사고가 필요하다. 간혹 회사 내부에 별도로 IA를 관리하지 않는 경우가 있는데, 회사와 별개로 자사 또는 타사 서비스의 IA를 작성해보면서 서비스의 구조를 파악하는 연습을 꾸준히 하는 것을 추천한다.

IA는 앞으로 만들어질 최종적인 서비스의 모습을 상상하면서 작성하는 것이 좋다. 초기 개발 단계에서 고려되지 않은 기능을 나중에 넣는 것은 핵심 부분을 바꿔야 할 가능성이 크다. 그래서 당장 개발을 하지 않더라도 나중에 꼭 제공되어야 할 기능라면 미리 IA 단계에 고려해서 작성하고 코멘트를 달아주는 것이 좋다. 완성된 건축물을 무너뜨리고 고층 건물을 짓는 것보다 고층 건물을 짓겠다는 목표를 미리 잡아서 안정적인 기반을 다져 놓으면 나중에 더 높은 건물을 쌓는 것도 쉬워진다.

  IA를 작성하기 전에 팔과 다리 신체 구조의 예시를 통해 구조화를 알아보자. 제일 왼쪽에 팔&다리 이미지를 보면 허벅지, 종아리, 어깨, 팔뚝, 발, 발가락, 손등, 손가락 단어가 나란히 나열되어 있다. 구조화의 첫 단계는 유사한 성질끼리 그룹핑을 하는 것이다. 나열된 단어들을 비슷한 유형으로 그룹핑을 하면 팔과 다리 2가지 요소로 그룹핑할 수 있다. 이렇게 구분하면 정돈은 되었지만 완벽한 구조화라고 보긴 어렵다. 이 데이터에 위계를 더하면 계층화가 생기고 구조화가 완성된다.

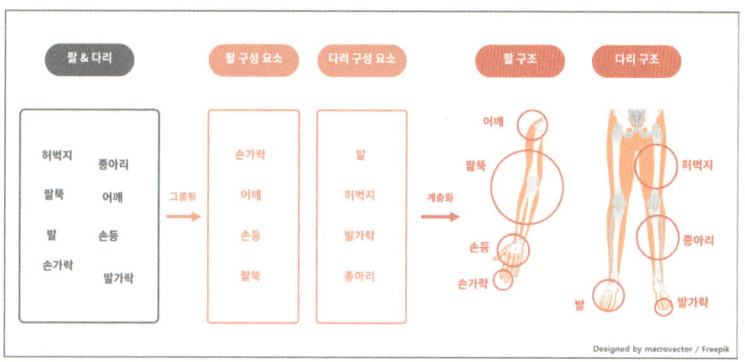

신체 구조로 이해하는 서비스 구조

  예시에서는 팔과 다리로 구분된 각 부위를 몸통에서 시작해서 손과 발끝까지 연결된 순서대로 재배치하면 [어깨 〉 팔뚝 〉 손 〉 손가락], [허벅지 〉 종아리 〉 발 〉 발가락] 순으로 구조화할 수 있다. 요약하면 구조화는 유사한 성질을 가진 정보들이 앞뒤 또는 상하 위계 질서에 맞게 체계적으로 구분된 형태인 것이다.

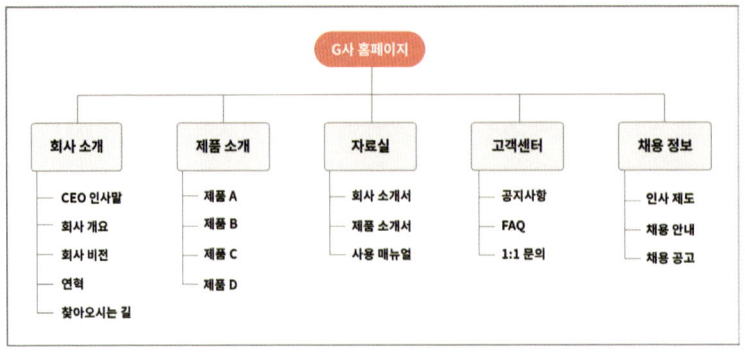

G사 홈페이지 사이트 맵 예시

모든 웹 사이트는 구조화되어 있다. 웹 사이트의 사이트 맵^{Site Map}을 생각해보면 이해가 쉬울 것이다. 기본적으로 서비스의 구조를 설계할 때는 비슷한 성질을 가진 정보끼리 묶고 그 다음 상하 단계를 구분한다. 구조화는 사용자의 서비스 경험에도 많은 영향을 미치는 요소다. 단순한 예시로 특정 제품을 찾고 싶을 때 누르는 메뉴와 1:1 문의를 위해 누를 메뉴는 다를 것이다. 만약 메뉴 구조가 잘못 정리되어 있다면 사용자는 크게 혼란을 느낄 것이다. 복잡한 서비스일수록 구조화를 많이 생각하고 기능을 구성해야 한다.

MECE와 하이라키의 이해

앞에서는 구조화의 개념을 간단하게 설명을 했다. 뭔가 알 듯하면서도 실제 IA를 작성하려고 하면 막막하다. 특히 신규 서비스를 기획할 때 IA 작성은 훨씬 어렵다. 그래서 내가 자주 사용하는 MECE와 하이라키 개념을 활용한 IA 작성법을 이야기해보겠다. IA 작성에 정답은 없기 때문에 연습을 통해 자신만의 작성법을 만드는 것을 추천한다.

먼저 IA를 작성하기 위해서는 기능들을 구체적으로 리스트업해야 한다. 참고로 기능 목록을 작성할 때는 눈에 보이는 메인 화면뿐만 아니라 보이지 않는 관리자 페이지까지 고려해야 한다. 기획자는 눈에 보이는 메뉴나 기능은 물론이고 눈에 보이지 않는 영역까지 모두 설계해야 한다. 당연히 IA를 작성할 때도 함께 고려되어야 할 부분이다.

기능 리스트업이 끝났으면 해당 기능들을 토대로 구조화를 시작한다. 이때 사용하는 개념은 2가지로, MECE와 하이라키 구조 기법이 있다. MECE[Mutually Exclusive Collectively Exhaustive]는 '항목들이 상호 배타적이면서 모였을 때는 완전히 전체를 이루는 것'을 의미하는데, 글로벌 전략 컨설팅 회사 맥킨지[McKinsey&Company]에서 문제 해결 기법으로 사용하는 유명한 전략적 사고 기법이다. 뜬금없이 전략적 사고 기법을 이야기해서 당황스러울 수 있겠지만 MECE라는 용어만 못 들어봤을 뿐 이미 경험으로 체득하여 사용하는 사람들이 많다.

MECE 개념이 IA에 100% 적용되지는 않지만 이러한 사고는 목록화된 기능들을 유사한 성질끼리 구분할 때 유용하게 쓰이는 기법이다. IA 작성뿐만 아니라 기획자로서 일을 하다 보면 자주 사용하게 되는 사고 기법이므로 알아두는 것이 좋다. 하이라키[Hierarchy]는 상하 위계 구조를 의미하는데 각각의 정보들이 부모-자식 관계를 갖는 구조화된 형태를 말한다. 보통 디자인의 위계 구조를 표현할 때 사용되는 개념이다. IA에서 하이라키 위계는 Depth 또는 Level로 구분한다. 가벼운 예시로 자세히 알아보자.

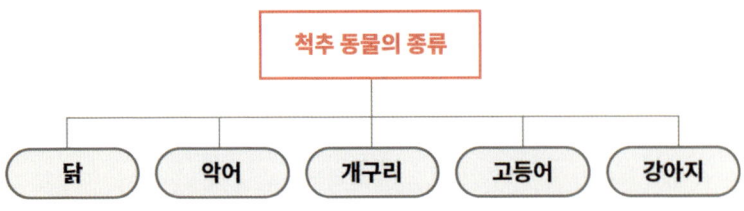

2-Depth 하이라키 구조 예시

2-Depth 하이라키 구조 적용

1-Depth = 척추 동물의 종류

2-Depth = 닭, 악어, 개구리, 고등어, 강아지 등

먼저 위의 구조 예시는 하이라키 구조만 적용시킨 예시이다. 기본적으로 하이라키 구조를 적용할 때는 하위 개념을 모두 포함할 수 있는 상위 개념으로 묶는다. 위 예시에서의 분류 기준은 척추 동물의 종류로 닭, 악어, 개구리, 고등어, 강아지를 나열했다. 구조화는 되었지만, 이 5가지 동물 외에도 포함될 수 있는 척추 동물의 종류가 많다. 다음은 MECE 기법을 활용한 구조화 예시를 보자.

2-Depth 하이라키 구조와 MECE 기법을 적용한 예시

2-Depth 하이라키 구조와 MECE 기법 적용

1-Depth = 척추 동물의 분류

2-Depth = 조류 / 파충류 / 양서류 / 어류 / 포유류

이번 예시에서는 분류 기준을 척추 동물의 분류로 변경했다. 앞서 MECE는 구분한 항목끼리의 중복은 없으면서 모였을 때 전체를 이루는 것이라고 했다. 척추 동물의 유형은 전체를 나열할 수 없을 정도로 많지만 척추 동물의 분류는 딱 5가지 밖에 없다. 이 5가지 항목은 서로 겹치지도 않고 전체가 모였을 때 척추 동물 전체를 표현할 수 있다. 이런 분류 방식이 MECE 기법이다.

MECE 기법을 제대로 활용하기 위해서는 분류의 기준을 잘 세워야 한다. 예시에서는 기준을 척추 동물의 종류에서 분류로 바꾸었을 뿐인데 5가지 항목으로 간단히 구분지을 수 있었다. 이렇게 구조화하면 한눈에 전체 구조가 보이고 이해하기 쉬워진다. 이렇듯 MECE 기법을 활용하면 생각을 정리하기 쉽고 상대방을 이해시키는 것도 쉬워진다. 아래의 예시를 참고하며 기준에 따라 달라지는 구조화를 이해해보자.

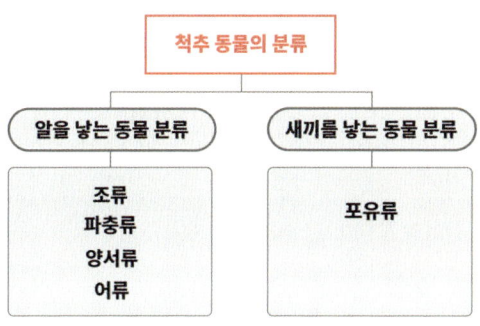

3-Depth 하이라키 구조와 MECE 기법을 적용한 예시 1

[응용 1] 3-Depth 하이라키 구조와 MECE 기법 적용 1

1-Depth = (1) 척추 동물의 분류

2-Depth = (1) 알을 낳는 동물 분류

　　　　　(2) 새끼를 낳는 동물 분류

3-Depth = (1) 조류, 파충류, 양서류, 어류

　　　　　(2) 포유류

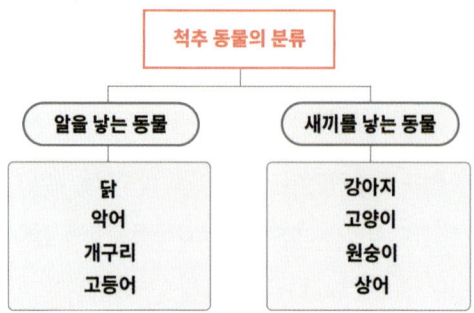

3-Depth 하이라키 구조와 MECE 기법을 적용한 예시 2

[응용 2] 3-Depth 하이라키 구조와 MECE 기법 적용 2

1-Depth = (1) 척추 동물의 분류

2-Depth = (1) 알을 낳는 동물

　　　　　(2) 새끼를 낳는 동물

3-Depth = (1) 닭, 악어, 개구리, 고등어 등

　　　　　(2) 강아지, 고양이, 원숭이, 상어 등

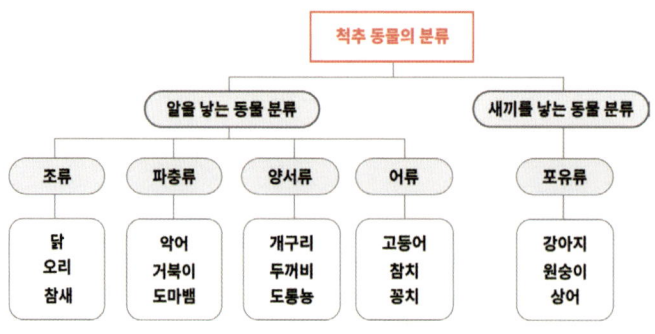

4-Depth 하이라키 구조와 MECE 기법을 적용한 예시

[응용 3] 4-Depth 하이라키 구조와 MECE 기법 적용

1-Depth = (1) 척추 동물의 분류

2-Depth = (1) 알을 낳는 동물 분류

(2) 새끼를 낳는 동물 분류

3-Depth = (1) 조류 / 파충류 / 양서류 / 어류

(2) 포유류

4-Depth = (1) 닭, 오리, 참새 / 악어, 거북이, 도마뱀 / 개구리, 두꺼비, 도롱뇽 / 고등어, 참치, 꽁치

(2) 강아지, 원숭이, 상어 등

MECE와 하이라키를 활용한 IA 작성

MECE 기법과 하이라키 구조를 이해해보았으니, 이번엔 제품 상세 페이지를 예시로 IA를 작성해보자. IA는 크게 다음의 3단계를 거쳐 작성한다.

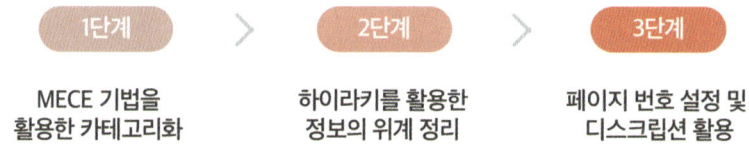

1단계 MECE 기법을 활용한 카테고리화

2단계 하이라키를 활용한 정보의 위계 정리

3단계 페이지 번호 설정 및 디스크립션 활용

Information Architecture 작성 3단계

작성해볼 제품 상세 페이지에 리스트업된 기능은 다음과 같다.

- 상품 정보를 전달하는 콘텐츠 영역과 구매 버튼
- 2가지 이상의 상품을 판매하기 위한 옵션 선택 기능
- 여러 가지 상품을 한번에 구매하기 위한 장바구니 기능

- 제품의 신뢰도 제고 및 구매 유도를 위한 사용 후기와 할인 쿠폰 기능
- 여러 제품을 동시에 구매할 수 있는 상품 추천 기능

기능을 확인하였다면 이제 본격적으로 구조화를 시작해보자.

상세 페이지	상품 구매	옵션 선택
		구매하기
		장바구니
	상품 설명	상품 정보
		특장점
		할인 쿠폰
		사용 후기
		이벤트 정보
		추천 상품

IA 작성 1단계 - MECE를 활용한 카테고리화

먼저 첫 단계로 상세 페이지를 상품 구매와 상품 설명 2가지로 구분하여 카테고리화를 하였고 구분에 따라 관련 기능을 나열했다. 이렇게 상품 구매와 연관있는 기능을 그룹화하는 것이 IA 작성의 시작이다. 여기에서 만약 상품 구매에 회원 탈퇴 기능이 있다면 어떨까? 구분에 맞지 않는 기능이기 때문에 이질감이 느껴질 것이다. 이렇게 카테고리를 구분하고 유사한 기능끼리 그룹화하는 것은 매우 중요하다.

구분	Depth.1	Depth.2	Depth.3
상세 페이지	상품 구매	옵션 선택	구매하기
			장바구니
	상품 설명	상세 정보	특장점
			할인 쿠폰
			사용 후기
		이벤트 정보	
		추천 상품	

IA 작성 2단계 - 하이라키 구조

카테고리화가 끝나면 하이라키를 통해 정보의 상하 위계 질서를 구분한다. 하이라키 구조화를 할 때는 선행되는 과정에 대한 프로세스를 고려하는 것이 중요하다고 했다. 예시에서는 상품을 구매하기 전에 옵션을 선택하는 것이 필수 사항으로 포함된 구조다. IA를 쓸 때는 항상 선행되는 기능까지 고려해서 위계를 나누어야 한다. 위계를 구분할 때는 Depth 또는 Level로 표현하는데 사내 규칙에 따라 사용하면 된다.

구분	No.	Depth.1	Depth.2	Depth.3	Description	Note
상세 페이지	1.0	상품 구매	옵션 선택	구매하기		
	1.1			장바구니	장바구니에 추가된 물품 개수 아이콘 표기	
	2.0	상품 소개		특장점		
	2.1		상세 정보	할인 쿠폰		
	2.1.1			사용 후기		
	2.1.2		이벤트 정보			
	2.1.3		추천 상품		판매자 상품 중 유사한 스타일의 상품 자동 추천	기능 제외

IA 작성 3단계 - 페이지 번호 설정 및 디스크립션 활용

마지막 단계로 위계가 정리된 기능에 화면의 번호를 지정하고 디스크립션 Description을 작성하면 IA 작성이 끝난다. 화면 번호를 작성하는 이유는 히스토리를 관리하기 위함인데 서비스는 계속해서 변경되기 때문에 페이지 번호가 고유해야 히스토리 관리가 가능하다. 예시의 추천 상품처럼 삭제된 기능이라고 해서 해당 페이지 번호를 삭제하는 것이 아니라 주석의 형태로 코멘트를 달아 처리한다. 디스크립션은 해당 기능에서 고려해야 할 정보를 작성해서 개발자들이 놓치지 않도록 보조하는 역할을 한다. 여기까지만 알고 있으면 이제 IA를 쉽게 작성할 수 있다.

IA는 개발의 기준이 되기 때문에 체계적으로 구조화하는 과정이 꼭 필요하다. 영어 문장에 5형식 구조가 있듯이 모든 IT 서비스에도 구조가 있다. 기획자가 서비스의 구조를 모르면 개발자와 협업하기 어렵다. 기획자가 기능을 추가해 달라고 말하면 개발자들은 "1-Depth에 기능을 추가해주세요."라는 말로 이해한다. 기획자가 구조를 모르면 자신이 요청한 기능이 어느 정도의 크기인지 가늠할 수 없다. 그래서 기획자는 구조를 이해하는 것이 개발 언어를 이해하는 것보다 중요하다. 구조화된 사고는 개발자의 관점을 이해하고 협업하는 데 많은 도움이 된다는 사실을 기억하자.

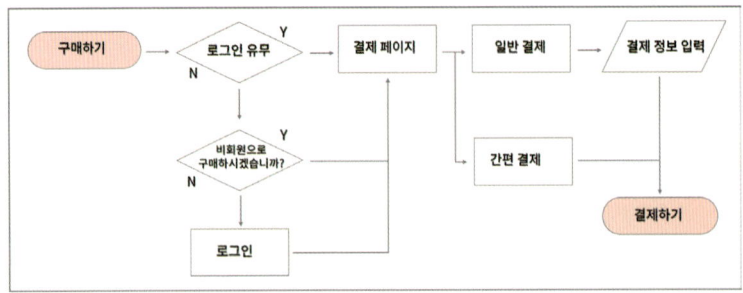

상품 구매 Flow Chart

플로우 차트^{Flow Chart} 또는 순서도는 사용자가 사용하게 될 서비스 화면과 프로세스의 흐름을 도식화한 것이다. IA가 전체 서비스의 구조를 볼 수 있는 것이라면 플로우 차트는 도식화를 통해 사용자의 행동 흐름을 직관적으로 파악할 수 있다. 실제 유저의 행동 흐름을 정의함으로써 구체적인 프로세스를 공유하는 것이다. 작성한 플로우 차트는 화면 설계서의 앞 부분에 함께 정리해준다. 서비스 사용 시에 발생할 수 있는 경우의 수와 고려하면서 작성하는 것이 핵심이다. 플로우 차트와 구체적인 정책을 텍스트로 정리해줌으로써 보완이 가능하다. 유저 플로우도 IA와 마찬가지로 구조적인 생각을 하는 데 도움이 된다. 잘 정리하면 프로세스의 흐름을 아주 쉽게 설명할 수 있다.

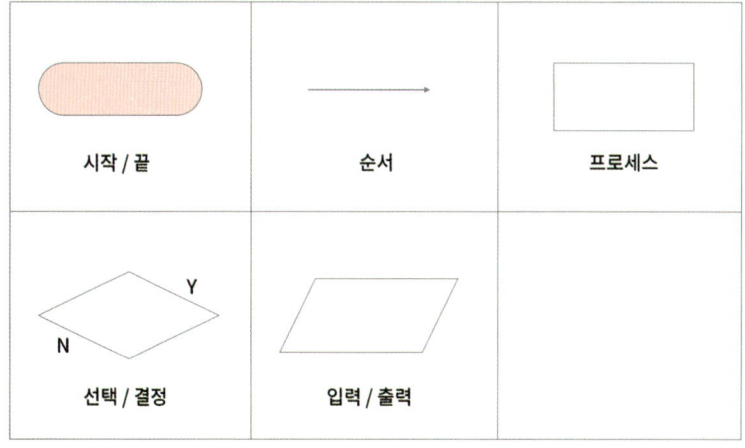

플로우 작성을 위한 5가지 기본 규칙

플로우 차트 작성은 범용적으로 사용되는 규칙이 있다. 기본적으로 타원형은 시작 또는 끝을 나타낼 때 사용하고, 화살표는 프로세스의 순서, 직사각형 모양은 프로세스 화면, 마름모 모양은 상황에 따른 선택과 결정을 할 때 사용한다. 마지막으로 평행 사변형은 정보를 입력하거나 출력할 때 사용한다. 이외에도 사용할 수 있는 도형이 있지만 5가지만 알고 있어도 된다. 플로우 차트는 그렇게 어렵지 않기 때문에 몇 번 반복해서 쓰다 보면 쉽게 익숙해질 것이다.

웹 사이트의 계층 구조 이해

웹 사이트를 기획할 때 처음 하는 일은 사이트의 전체적인 구조를 잡는 것이다. 기획자가 잡은 구조를 기반으로 개발자가 개발의 기반을 잡기 때문에 서비스의 구조를 이해하는 것은 중요하다. 기본적으로 웹 사이트의 구조는 GNB - LNB - SNB - CONTENTS - FNB 순으로 구분되고 가장 상위 단계인 GNB부터 가장 하위 단계인 FNB로 계층 구조를 가진다. 이는 앞서 이야기한 하이라키 구조를 그대로 가지고 있다.

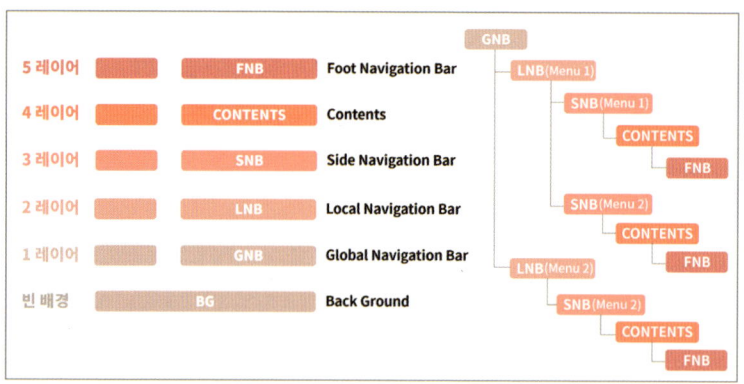

메뉴와 레이어의 구조

메뉴 구조 용어 정리

GNB: Global Navigation Bar의 약자로 웹 사이트에서 가장 최상위 메뉴를 정의하는 역할

LNB: Local Navigation Bar의 약자로 GNB의 아래 단계인 서브 메뉴를 구성

SNB: Side Navigation Bar의 약자로 GNB와 LNB를 제외한 나머지 메뉴들을 지칭할 때 사용

CONTENTS: 웹 사이트 화면의 콘텐츠 영역

FNB: Foot Navigation Bar의 약자로 기업의 정보나 저작권, 사이트맵, 법률 정보 등을 표기하는 용도

웹 사이트에서도 중요한 것은 '위계'다. GNB 하위에 LNB가 있고, LNB 하위에 SNB, 그 하위에는 콘텐츠 등 꼬리에 꼬리를 무는 방식으로 구조화되어 있다. 개발자는 이렇게 만들어놓은 메뉴 구조를 토대로 서비스의 뼈대를 만든다. GNB, LNB, SNB는 모든 화면에서 공통적으로 적용되는 공통 영역으로 변경 시에 모든 페이지에 일괄적으로 적용된다. CONTENTS는 화면마다 다르게 제공할 수 있기 때문에 우선적으로 서비스 구조에 가장 신경 써야 할 곳은 GNB, LNB, SNB다. 한번 잡은 공통 영역은 쉽게 변경할 수 없으니 기획 초기에 많이 고민해보아야 한다.

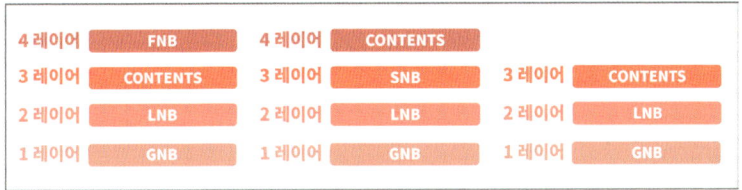

웹 사이트의 위계 이해

구조를 이해할 때는 레이어의 개념을 함께 알아두는 것도 필요하다. 포토샵을 다룰 줄 안다면 이해하기 쉬운데, 웹 사이트는 여러 레이어가 겹겹이 쌓여 하나의 화면으로 보이게 만들어진다. 예를 들어 웹 사이트에 팝업을 노출하는

것도 콘텐츠 위에 검정색 투명도가 씌워진 도형 레이어를 얹히고 그 위에 팝업 다이얼로그를 얹힌 형태로 구성되어 있다.

   서비스의 구조를 이해하면 개발자들이 말하는 '구조적으로 어렵다'는 말에 공감할 수 있게 된다. 또한 구조를 알면 기획 시 사전 검토가 가능하다. 다양한 서비스 구조를 접하다 보면 점차 개발자를 이해할 수 있게 된다. 우리 서비스에서 뼈대가 되는 구조가 무엇인지 알 수만 있어도 협업은 훨씬 수월해질 것이다.

[참고] 레이어와 서비스 구조 응용 예시 이미지

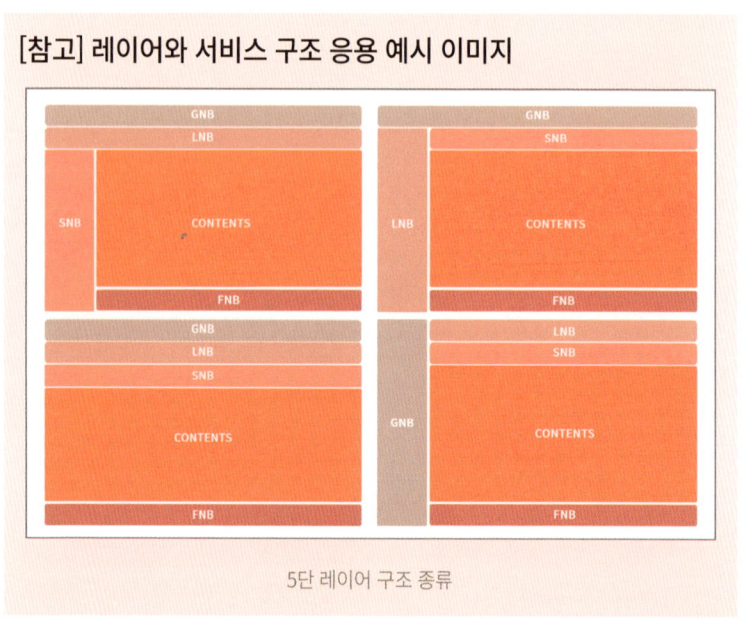

5단 레이어 구조 종류

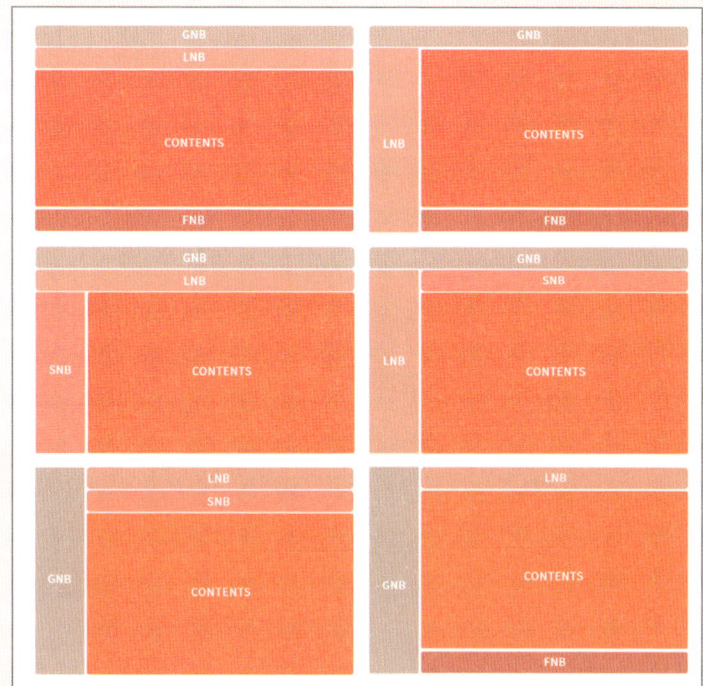

4단 레이어 구조 종류

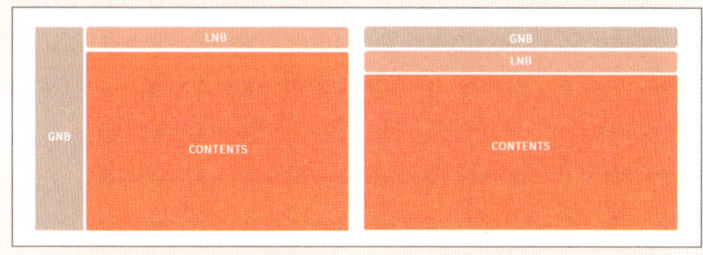

3단 레이어 구조 종류

목적 중심의 벤치마킹

기획자라면 누구나 좋은 서비스의 사용 경험을 벤치마킹해서 서비스에 접목하고 싶어한다. 하지만 의외로 벤치마킹을 어려워하는 기획자가 많다. 특히 초보 기획자들은 유명한 서비스의 프로세스나 UI를 그대로 가져오는 방식으로 벤치마킹을 한다. 하지만 벤치마킹에는 항상 목적이 있어야 한다. 벤치마킹은 우리 서비스에서 발생하는 문제나 개선점을 여러 가지 다른 서비스를 통해 좋은 해결사례를 찾고 우리 서비스에 알맞는 형태로 반영하기 위해 진행한다.

예를 들어 SNS 간편 회원가입을 벤치마킹 한다고 가정해보자. 예전에는 사이트 내에서 회원가입하는 방법을 사용하는 게 일반적이었지만 최근에는 거의 모든 서비스에서 여러 종류의 SNS 계정을 활용해서 가입할 수 있는 간편 회원가입 기능을 제공한다. SNS 간편 회원가입은 사용자가 쉽게 회원가입하고 로그인해서 빠르게 서비스를 이용할 수 있다. 뿐만 아니라 카카오 간편 로그인을 활용하면 카카오톡 채널 서비스와 연동되어 마케팅 활용이 가능하고, 네이버 간편 로그인을 활용할 경우에는 네이버 톡톡이나 네이버페이^{Naver Pay} 서비스를 간편하게 사용할 수 있다.

하지만 SNS에 작성된 정보를 그대로 가져오기 때문에 주의할 점이 있다. 해당 SNS 계정에 잘못 등록된 정보가 있을 경우 고객의 정보를 제대로 활용할 수 없다는 것이다. 만약 고객의 정보가 중요한 서비스라면 잘못된 고객 정보가 서비스 이용에 문제를 발생시킨다. 이때는 SNS 간편 회원가입 절차 이후 고객 정보에 대한 확인과 추가적인 고객 정보를 받을 수 있는 단계를 추가해야 한다.

> **벤치마킹 시 고려해야 할 6가지 항목**
>
> **타깃(Target)**: 누구를 위해서 제공하는 서비스인가?
>
> **프로세스(Process)**: 어떤 프로세스를 거치고 있는가?

콘텐츠의 유형(Contents): 어떤 콘텐츠를 제공하고 있는가?(데이터, 카피라이트, 스토리 등)

인터페이스(User Interface): 어떤 인터페이스를 제공하는가?(다이얼로그, 드롭 다운, 셀렉트 박스 등)

유도된 행동(Action): 사용자가 다음에 할 수 있는 액션은 무엇인가?(입력, 구매, 검색 등)

디자인(Design): 직관적인 메세지 전달을 위해 사용하는 시각적 표현은 무엇인가?

벤치마킹은 단순 기능, 프로세스, UI만 참고하는 것이 아니다. 먼저 우리 서비스에 필요한 것이 무엇인지 파악하고 벤치마킹할 서비스를 타깃, 프로세스, 콘텐츠, 인터페이스, 행동, 디자인 6가지 항목에 따라 분석한 뒤 선별적으로 벤치마킹한다. 보통 경쟁사 또는 유사 분야의 서비스 벤치마킹을 많이 하게 되지만 벤치마킹의 목적만 명확하면 완전히 다른 분야의 서비스에서 좋은 벤치마킹 사례를 찾을 수도 있다.

유명한 서비스를 참고하는 이유는 이미 수많은 사람들의 고민이 모여 만든 결과물이기 때문이다. 실제로 좋은 해결 방법을 제공하는 경우가 많은 것도 사실이다. 하지만 아무리 유명한 서비스가 제공하는 기능이라 할지라도 우리 서비스에는 맞지 않을 수 있기 때문에 잘 고려해보아야 한다. 벤치마킹에 정해진 방식은 없기 때문에 여러 벤치마킹 사례를 참고해서 자기만의 규칙을 만들어 두는 것이 좋다.

벤치마킹 사례를 문서의 형태로 정리하는 사람도 있고 필요한 부분만 캡처해서 쓰는 사람도 있을 것이다. 계속 강조하지만, 벤치마킹에서 중요한 점은 기획의 목적을 분명히 한 상태로 여러 가지 사례를 찾고 우리 서비스에 알맞은 형태로 반영해야 한다는 것이다.

- 3 -
협업을 돕는 화면 설계서

협업을 위한 준비는 모두 끝이 났다. 이제 본격적으로 화면 설계서에 대해 알아볼 차례다. 기획자가 화면 설계서를 작성하는 이유는 무엇일까? 만약 기능을 설명하기 위한 목적이라고 생각했다면 다시 고민해볼 필요가 있다. 이번 장에서는 화면 설계서를 작성하는 이유에 대한 답을 제시하고 협업을 잘하기 위한 화면 설계서 작성법과 디테일한 꿀팁을 이야기해보자.

화면 설계서를 작성하는 이유

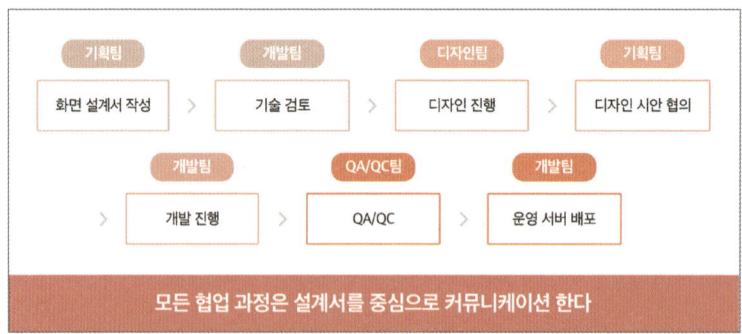

서비스를 개발할 때는 먼저 기획자가 화면 설계서를 작성하고 개발팀과의 회의를 통해 기술 검토를 진행한다. 검토가 완료된 설계서는 디자인팀에게 맡겨 디자인 시안을 완성하고 최종 디자인 시안을 확정한 후 개발팀이 개발을 진

행한다. 개발이 완료되면 서비스 테스트를 위한 QA/QC를 진행하고 최종 검수가 완료되면 운영 서버에 배포된다.

　여기에서 중요한 것은 모든 개발 과정에 화면 설계서가 중심에 있다는 것이다. 이때 기획자들이 많이 하는 실수 중 하나가 화면 설계서를 개발 요청서로 생각하는 것이다. 그러나 화면 설계서는 개발 진행 시에 발생할 수 있는 이슈나 정책 보완점을 미리 고려하고 문제 발생 시에 다른 우회 방안을 찾는 등 협업자들의 의견을 수렴하고 개선하는 커뮤니케이션을 위한 문서다.

　원활한 협업을 위해서는 화면 설계서를 작성할 때 이해하기 쉽게 적는 것이 중요하다. 특히 설계서를 쓸 때는 협업자들의 입장을 고려해서 쓰는 것이 필요하다. 예를 들어 입사한 지 1주일 된 개발자를 위한 기능 고도화 설계서를 써야 한다고 가정해보자. 먼저 해당 개발자는 서비스 현황을 모르고 있을 가능성이 높다. 만약 화면 설계서를 개발 요청에 목적을 두고 작성하면 만들고 싶은 기능을 설명하는 내용으로만 가득 채워져 있을 것이다. 이렇게 되면 개발자는 어떤 기능을 어떻게 고도화해야 하는 것인지 이해하기 어려워지면서 커뮤니케이션 비용이 발생하고 잘못된 기능을 개발할 수도 있다.

　반면 설계서의 목적을 커뮤니케이션에 두면 소통의 오류를 줄일 수 있다. 새롭게 입사한 개발자가 모를 수 있는 히스토리나 현황을 먼저 정리해주어 기능의 이해를 돕고, 다음 기능의 개발 방향을 함께 작성해주면 훨씬 빠르고 정확하게 기획 의도를 파악할 수 있다. 기획자가 화면 설계서를 작성하는 목적은 기획 의도를 제대로 전달하고 여러 사람들과 원활하게 커뮤니케이션하기 위함이라는 것을 잊어서는 안 된다.

　신입 기획자가 많이 하는 실수 중 하나는 화면 설계서에 아이디어를 담는 데 온 신경이 쏠려있다는 것이다. 협업은 단순히 기능을 만드는 과정 이상의 넓은 범위를 포괄한다. 앞서 이야기 했듯이 설계서는 협업자들과 협의된 내용을 바

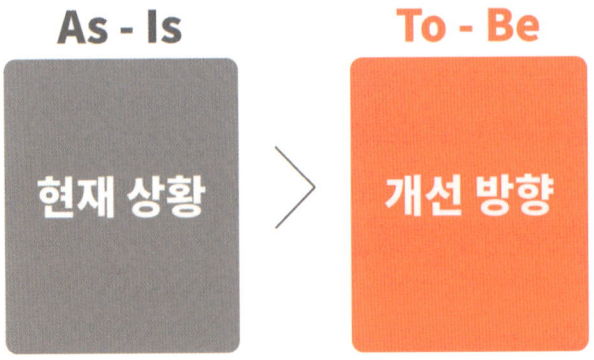

히스토리나 현황을 정리한 후 개발 방향을 작성

탕으로 함께 만들어가는 커뮤니케이션 도구다. 자신만 이해할 수 있는 내용으로 설계서를 구성하게 되면 협업할 수 없다.

　서비스 개발에 협업이 필요한 이유는 혼자 할 수 없는 일을 함께함으로써 완성도 높은 서비스를 만들기 위해서다. 실력 있는 기획자는 개발자의 마음을 잘 헤아리면서 뛰어난 커뮤니케이션 능력으로 서비스가 성장할 수 있는 방향으로 이끌어간다. 좋은 서비스를 만들기 위해서는 각자의 위치에서 잘할 수 있는 것에 집중하면서도 서로의 관점을 이해하고 부족한 부분을 채워주는 역할이 꼭 필요하다. 기획자도 화면 설계서를 작성할 때 상대방의 관점을 이해하면서 써야 한다는 사실을 꼭 기억하자.

목적을 명확하게 전달하는 방법

　서비스 기획을 할 때는 항상 의도와 목적이 있다. 원활하게 개발을 진행하기 위해서는 개발자에게 개발을 해야 하는 목적과 이유를 논리적으로 설득해서 동의를 얻는 과정이 필요하다. 기획의 의도를 정확하게 전달하지 않으면 강요로 느끼게 되고 협업 과정에서 많은 이슈가 발생할 가능성이 높다. 특히 화면 설계 리뷰 자리에서 기획의 의도를 공유하지 않고 설계서를 읽어주고 끝내는 경우가 있다. 그렇게 되면 개발자들의 질문이 쇄도한다.

　기획자의 입장에서 당연하게 생각하는 것도 개발자의 입장에서는 그렇지 않을 수 있다. 협업에서 가장 중요한 것은 공감을 형성하는 것이다. 필요하다는 것은 지극히 주관적인 감정이다. 사람마다 자주 쓰는 서비스가 있고 긍정적으로 생각하는 부분과 부정적으로 생각하는 부분이 다르다. 이때 개인의 관점에서 벗어나 사용자의 관점에서 생각하도록 만드는 것이 필요하다. 그러기 위해서는 기획의 목적과 이유를 담아 논리적인 문장 형태로 정리하는 것이 좋다.

기획의 목적을 명확하게 전달하는 논리적인 문장 정리법

(1) 개발 요청 기능 정의하기(어떤 기능을 개발할 것인가?)
- 장바구니 기능 개발 [신규 기능]

(2) 제공 대상(누구를 위해서 제공하는가?)
- 2개 이상의 물건을 구매하려고 하는 고객

(3) 이유 및 목적 쓰기(이 기능을 만드는 이유와 목적이 무엇인가?)
- 2개 이상의 물건 구매 시 묶음 배송이 안 되는 불편함을 해소하기 위한 목적

(4) 예시/사례 작성(정성적/정량적 지표)
- 최근 2개 이상의 물건을 구매하는 고객 수 15% 증가
- 묶음 배송 관련 유선 문의 건수가 전체 문의의 20%를 차지
- 상품별로 배송비를 따로 지불하고 있어 불편하다는 낮은 평점의 고객 리뷰 증가

(5) 기대 효과(무엇이 좋아지는가?)
- 고객지원팀에서 묶음 배송을 직접 처리하고 있어 빠른 개발 대응 필요
- 해당 기능 도입 시 고객지원팀의 투입 리소스 절감 가능

설득력 있는 문장을 작성하려면 먼저 개발 요청 기능을 정의하고 제공 대상을 쓴다. 그리고 해당 기능을 제공해야 하는 이유와 목적을 쓴다. 그 다음, 제공 이유에 대한 예시를 근거로 들어 논리를 뒷받침하고 무엇이 좋아지는지 기대 효과를 쓴다. 이런 문장 정리가 가장 빛을 발할 때는 이미 잘 알려진 기능에 대한 기획 의도를 전달할 때다. 협업은 우리가 당연하다고 생각한 부분을 간과하면서 부딪히는 경우가 많다. 기획의 의도를 문장으로 정리하는 습관을 기르다 보면 기획에 설득력이 생기고 협업을 더욱 원활하게 할 수 있다.

논리적인 문장을 쓸 때 가장 힘든 것은 구체적인 근거를 제시하는 것이다. 예시는 내부 데이터 지표를 활용하여 근거를 제시하고 있다. 최대한 객관적이고 신빙성 있는 정량적인 데이터를 활용해서 근거를 제시하는 것이 좋다. 데이터를 수집하는 방법에는 사용자의 접점에 있는 영업, 마케팅, CS팀에게 VOC 데이터를 요청하거나 개발자에게 서비스 사용 데이터를 요청하는 방식으로 습득하는 것이 가장 빠르다.

개발자에게 기획의 의도가 정확히 전달만 되면 일의 절반이 끝났다 해도 과언이 아니다. 그때부터는 구체적인 실행 방법을 공유하는 자리로 바뀌게 된다. 혼자서 고민하던 부분에 대해서도 대안을 제시해주거나 놓쳤던 부분까지 채워주는 든든한 조력자로 변신한다. 협업을 잘하고 싶다면 꼭 기획 의도와 목적을 먼저 정리하자.

설계서 타이틀의 중요성

대다수의 기획자가 화면 설계서를 작성할 때 문서의 제목을 간단하게 작성한다. 설계서의 타이틀을 가볍게 생각하는 것이다. 화면 설계서의 작성이 끝나면 개발자에게 리뷰를 요청한다. 기획자는 당연히 개발자가 설계서를 미리 읽어보고 리뷰에 참석하겠지라고 생각할 수 있지만, 경험상 설계서를 꼼꼼히 읽고 리뷰 회의에 참석하는 개발자는 절반이 채 되지 않았다. 그 말은 개발자들이 리뷰 회의에 참석해서 가장 먼저 보는 정보는 문서의 타이틀인 것이다.

타이틀을 사소하게 생각할 수 있지만 타이틀을 어떻게 작성하느냐에 따라서 개발자들의 미간 주름의 개수가 정해진다고 생각한다. 타이틀은 설계의 목적을 함축적으로 담는 가장 중요한 메세지다. 그리고 이 타이틀을 통해 개발의 범위를 예상한다. 예를 들어 검색을 더 세분화할 수 있는 고급 옵션 기능을 추가하는 기획을 했다고 가정하자. 이때 신입 기획자가 가장 많이 하는 실수는 설계서의 제목을 [검색 기능 기획]처럼 단순 기능 명칭을 타이틀만 사용해서 제목을 쓰는 것이다.

물론 이렇게 제목을 써도 어떤 기능을 기획했는지 이해할 수 있지만 해석하는 사람에 따라 개발의 범위를 넓게 느낄 수도 있고 작게 느낄 수도 있다. 또 어디에 있는 검색을 말하는지 이해하기 어려우며 신규/개선/고도화 중 무엇인지 알 수 없다. 보통 개발자들은 신규 기능에 더 예민한 반응을 보이는데 이런 방식의 타이틀은 신규 기능으로 오해하기 쉽다. 그래서 설계서를 작성하기 이전에 앞서 잡은 설계의 목적을 토대로 설계서의 타이틀을 적어놓고 시작해야 한다. 이렇게 하면 단순히 전달을 위한 것뿐만 아니라 방향성이 정해지기 때문에 기획의 범위를 잡는 데 많은 도움을 얻는다. 설계서 타이틀에 쓰면 좋은 4가지 정보를 이야기해보자.

1. 작성 완료 날짜 / 2. 플랫폼 유형 / 3. 기능 상세 명칭과 기획 방향(신규/개선/고도화) / 4. 문서 버전

Before)

문서 제목: 상품 검색 기획 설계서

After)

문서 제목(신규): 2021.01.01_A몰_상품 검색 신규 기획 설계서_v1.0

문서 제목(고도화): 2021.01.01_A몰_상품 검색 고도화 기획(고급 옵션) 설계서_v1.0

문서 제목(개선): 2021.01.01_A몰_상품 검색 고급 옵션 개선 기획 설계서_v1.0

설계서 타이틀에 쓰면 좋은 첫 번째 정보는 작성 완료 날짜이다. 작성 완료 날짜는 개발 범위와 상관없는 정보지만 개발자가 개발할 때 설계서를 계속해서 열람해야 한다. 이때 날짜는 기획자가 작성한 최신 문서가 무엇인지 빠르게 파악할 수 있는 장점이 있다. 여러 사람과 협업을 해야 하는 경우에도 최신 날짜가 적힌 문서를 보고 개발할 수 있다.

두 번째는 플랫폼의 유형 정보다. 1개의 서비스만 운영하는 경우라면 크게 문제가 없지만 회사에 따라 여러 가지 서비스를 동시에 개발하는 경우가 있다. 이때 서비스의 유형을 정확히 구분을 지어주지 않으면 개발을 할 때 관련 문서를 찾기 어려워진다.

세 번째는 기능의 상세한 명칭과 기획 방향이다. 기획의 방향성은 크게 신규, 개선, 고도화 3가지로 나누어볼 수 있다. 상품 검색 기능을 새로 만들면 설계서 타이틀을 '상품 검색 신규 기획'으로 써야 하고, 기존에 있던 상품 검색 기능에 고급 옵션을 추가하면 '상품 검색 고도화 기획(고급 옵션)' 또는 '상품 검색 고급 옵션 고도화 기획' 등으로 써야 한다. 이미 개발이 완료된 상품 검색 고급 옵션 기능을 개선하는 기획이라면 타이틀을 '상품 검색 고급 옵션 개선 기획'으로 작성해야 한다. 또 단어를 선택할 땐 착오를 줄이기 위해 다양한 의미로 해석될 여지가 있는 단어들은 피하거나 구분하는 것이 좋다. 정확하게 정해진 규칙은 아니지만 개발자가 타이틀을 보고 오해하지 않도록 명확하게 타이틀을 짜는 연습이 필요하다.

마지막으로 네 번째는 문서의 버전 정보이다. 버전 정보는 문서의 수정 히스토리를 관리하는 수단이며 같은 날 작성과 수정이 동시에 일어난 설계서를 구분하는 용도로 쓰이기도 한다. 큰 범위의 설계서일수록 문서의 버전이 자주 업데이트되기 때문에 버전 정보를 꼭 추가해서 문서 제목을 작성해야 한다.

개발 커뮤니케이션은 무엇을 만들지 명확히 규정하는 것에서부터 시작한다. 누군가는 아주 사소한 것이라 생각할 수 있다. 하지만 기획자라면 개발자와의 협업은 퇴사하는 그날까지 계속 이어지니, 기왕이면 개발자의 마음을 활짝 열기 위한 사소한 배려를 실천해보자.

스토리텔링을 위한 화면 설계서

이번 장에서는 화면 설계서를 스토리로 풀어내는 방법에 대해서 이야기해보려고 한다. 화면 설계서는 기획부터 개발 배포까지의 전 과정에서 중심이 되는 커뮤니케이션 수단이다. 프로세스가 있다는 것은 단계가 있다는 뜻이고, 단계가 있다는 것은 스토리 형태로 풀어낼 수 있다는 뜻과 같다. 스토리텔링은 전달하고자 하는 메시지를 쉽게 이해시키고 기억할 수 있게 도우면서 몰입감과 공감을 쉽게 이끌어낼 수 있다는 장점이 있다.

[스토리가 있는 화면 설계서의 목차 예시]
(1) 타이틀(기능 소개)
= "지금부터 멤버십 등급제 도입에 대한 신규 기능 기획 리뷰를 진행하겠습니다."
(2) 목차(문서 구조에 대한 설명)
= "전체 구성은 a, b, c, d 순으로 이루어집니다."
(3) 버전 이력 관리(히스토리 공유)
= "먼저 v3.0은 v2.0과 비교해서 [1], [2], [3]이 달라졌습니다."

(4) 설계 목적 및 기대 효과(기획 배경 및 목적 공유)

="이번 설계는 사용자의 문의 사항을 분석하여 수치화한 결과를 토대로 가장 많은 요청이 있었던 결제 금액에 따른 멤버십 등급제 도입 건입니다. 이번 개선안은 충성 고객 확보과 재구매율 20% 상승을 목표로 합니다."

(5) 정책 및 프로세스 정의(전체 기획 프로세스 및 범위 공유)

="설계 리뷰에 앞서 일반 유저와 Admin 유저의 서비스 프로세스와 주요 정책은 이렇게 진행됩니다."

(6) UI 설계(상세 기능 개발 범위 공유)

="일반 사용자와 Admin 사용자가 실제로 사용하게 될 사용자 화면과 세부 기능에 대해서 설명 드리겠습니다."

스토리텔링을 위한 화면 설계서의 구조는 타이틀, 목차, 버전 이력 관리, 설계 목적 및 기대효과, 정책 및 프로세스 정의, UI 설계 총 6단계로 이루어진다. 이 화면 설계서는 커뮤니케이션 목적에 맞게 구조 자체를 설득력을 가질 수 있도록 구성되었다. 해당 구조에 따라 설계서를 쓰다 보면, 제일 먼저 내용을 채우기 위해 스스로 설득을 하기 위한 논리와 근거를 고민하게 된다. 그리고 정리가 끝나면 개발자를 쉽게 설득할 수 있다. 스토리텔링의 형태로 설계서를 만들면 설득력이 생기기 때문에 제안에 힘이 생긴다. 화면 설계서 작성이 끝났으면 직접 화면 설계서를 읽으면서 리뷰를 진행해보는 것이 좋다.

참고로 이 책에서는 화면 설계서를 쓰는 방법을 다루지는 않는다. 화면 설계서 작성 방법은 여러분도 이미 너무 잘 알고 있다. 문제는 설득을 하지 못하는 것이다. 서비스 방향성에 대한 이해가 낮고 협업 경험이 부족해, 설계의 목적을 뚜렷하게 정하기 어렵기 때문이다. 목적과 기대효과까지 설득되고 나면 90% 이상 끝났다고 봐도 무관하다. 기획의 기본은 방향성에 맞는 목적이다. 기획자로서 일을 잘하고 싶다면 논리적이고 구조적인 사고에 집착하는 것이 좋다. 생각을 바꾸는 일은 어렵지만 계속해서 연습하다 보면 성장해 있는 자신을 발견할 수 있을 것이다.

리뷰를 요청하는 방법

마지막으로 개발자에게 리뷰를 요청하는 방법을 알아보자. 만약 자신이 리뷰를 요청할 때 메일로 화면 설계서와 일정/장소를 전달하고 있다면 조금 더 친절할 필요가 있다. 어떤 이유로 리뷰를 진행하는지 잘 모르는 상황에서 회의를 하자고 하면 상대방이 당황할 수도 있다. 개발자에게 이유는 매우 중요하다. 즉, 리뷰를 요청할 때부터 개발자가 궁금해할 만한 것들에 대한 대답과 함께 리뷰를 요청해야 한다는 것이다.

앞서 이야기한 대로 설계서를 자세히 읽고 리뷰에 참여하는 개발자들은 10명 중 5명이 될까 말까 한다. 협업은 목적과 의도를 공유하는 것부터가 시작이라고 했다. 리뷰를 요청할 때도 마찬가지로 이유나 목적을 함께 설명해주어야 한다. 이와 더불어서 원활한 리뷰를 진행할 수 있도록 하는 팁이 있다. 리뷰를 요청하기 전에 틈틈이 중간 과정을 공유하는 것이다. 복싱에 비유하자면 강력한 훅을 날리기 전에 잽을 섞는 것과 같다. 복싱 선수들은 강력한 한 방을 위해 계속해서 잽을 날린다. 그럼 상대방도 '아, 언젠가 훅이 날라오겠구나.'라고 인지한다. 이처럼 기획자도 개발자에게 꾸준히 잽을 날리면서 개발자가 마음의 준비를 할 시간을 주는 것이다.

예를 들면 기획을 진행하기 전에 "검색 기능을 고도화하려고 하는데 혹시 기획 단계에서 미리 고려해야 할 사항이 있을까요?"라든지 "검색 기능 고도화에 대한 개발이 진행될 것 같은데 기획이 끝나면 공유해드릴 테니 업무에 참고를 부탁드립니다."라는 식으로 이야기하는 것이다. 실제 리뷰를 요청하기 이전에 중간 과정을 공유함으로써 마음의 준비를 할 수 있도록 미리 언질을 하면, 이미 인지하고 있는 내용이기 때문에 협업이 훨씬 쉬워진다. 협업은 설계서 작성 전부터 시작이라는 것을 기억하자.

   기본적으로 개발자를 설득의 대상으로 보는 것이 좋다. 개발자는 기획 의도에 공감하지 못하면 목표 의식이 약해진다. 실제 리뷰와 개발을 진행하기 전에 배경을 설명해주면 커뮤니케이션이 편해진다. 다음의 예시는 기획의 의도를 담은 리뷰 요청 방법이다. 기본적인 구성은 회사에서 쓰는 방식을 따르되 예시에 적힌 내용을 참고해서 요청하게 되면 개발자를 설득하는 데 도움이 될 것이다.

> **[A몰_상품 검색 고급 옵션 개선 기획 리뷰 회의 요청의 건]**
>
> 안녕하세요 기획팀 김기획 사원입니다.
>
> 이전에 미리 언급드렸던 상품 검색 고급 옵션 개선 기획 리뷰를 위해 회의를 요청드립니다.
>
> 아래에서 상세 내용 확인 후 리뷰 회의 참석을 부탁드립니다.
>
> **참석자**: A 팀장님, B 개발자님, C 개발자님
>
> **회의 일정 및 장소**: 2020년 12월 31일 13시 / Review 회의실
>
> **중요도**: 상/중/하
>
> **완료 요청 일정**: 2021년 01월 31일 이전 개발 배포 목표
>
> **기획 배경**: 판매 상품이 증가함에 따라 고객이 원하는 상품을 찾기까지 검색하는 시간 소요가 큼
>
> **세부 내용**: 검색 시 고급 옵션을 제공하여 검색 사용성 강화 목적
>
>   - 특정 브랜드 내 상품 검색 옵션 제공
>
>   - 상품 유형별 검색 옵션 제공
>
>   - 상품 가격대별 상품 검색 옵션 제공

첨부 파일: 2021.01.01_A몰_상품 검색 고급 옵션 개선 기획 설계서_v1.0
회의 진행이 불가능하실 경우 회신 부탁드립니다.
감사합니다.

리뷰를 요청할 때는 제목, 요청 문구, 참석자, 회의 일정 및 장소, 중요도, 완료 요청 일정, 기획 배경, 세부 내용, 첨부 파일 9가지 내용을 포함해서 보낸다. 리뷰 요청은 설계의 목적을 전달하는 방법과 유사하다. 또 한 가지 중요한 것은 리뷰를 요청할 때는 항상 정중하게 부탁하는 입장으로 요청하는 것이다. 기본이지만 잘못 쓴 단어 하나가 개발자의 기분을 상하게 하기도 한다. 텍스트는 오해하기 쉽다는 점을 기억하자.

부탁의 자세는 자신을 낮추는 게 아니라 예의이자 처세술이다. 내가 먼저 존중하면 상대방도 자연스럽게 존중하기 위해 노력한다. 예의를 갖추어 요청 사항을 잘 정리해서 지속적으로 리뷰를 요청하다 보면 개발자의 마음을 얻어 보다 쉽게 협업을 해나갈 수 있을 것이다.

협업은 단기적으로 잘하기 어렵다. 서로의 성향을 파악해야 하고 맞춰가는 시간이 필요하다. 또, 각기 다른 사람들을 하나의 유형으로 정형화할 수 없기 때문에 어렵기도 하다. 협업에서 중요한 것은 한 가지 목표를 공유하고 있느냐는 것이다. 같은 목표를 공유하고 있다면 그 사이에서 발생하는 문제는 오히려 긍정적인 시그널로 생각할 수도 있다. 서로가 서로의 장점은 극대화하고 단점은 보완하겠다는 마음으로 협업을 하다 보면 최고의 파트너 관계로 발전할 것이다.

- PART 03 -

디자이너의 일

- 1 -
디자이너의 마인드셋

우연히 디자이너 일을 시작하게 되어 디자인의 의미에 대해서 깊게 생각할 겨를 없이 내가 표현하고 싶은 것에 더 많이 치중했었다. 하지만 나의 마인드를 바꾸게 된 한 마디로 인해 디자인의 의미와 목적을 깊게 생각해보고, 좋은 디자이너가 되기 위해 고민을 하게 되었다. 어쩌면 당연한 이야기일 수 있지만 내가 고민했던 디자이너 마인드에 관해 이야기해보려 한다.

디자인 기획 의도와 목적

디자인 전공은 아니었지만 우연한 계기로 회사에서 디자인을 시작하게 되었다. 어릴 적 바라던 직업이긴 했으나 제대로 공부를 한 적이 없었고, 할 줄 아는 건 디자인 툴을 다루는 것뿐이었다. 처음에는 디자이너라는 직업이 디자인 툴을 다루며 자신의 머릿속에 있는 생각을 디자인으로 표현할 줄 아는 사람이라고 생각했다. 그래서 디자인 시안을 만들 때도 기획의 의도나 목적을 중심으로 생각하기보다는 내가 원하는 느낌의 디자인을 만드는 데 초점을 두었다. 하지만 왜 이런 디자인을 했는지 물어오면 선뜻 답하기가 어려웠고 단순히 예뻐서, 요즘은 이런 스타일의 디자인을 선호해서 등의 답변을 하자니 스스로 부끄러워지는 기분이 들었다.

"디자인은 예술이 아니다."

내가 원하는 느낌만 고집하다 일침을 듣게 되었다. 처음에는 디자인, 예술 두 가지 모두 창의적인 활동인데 왜 이런 이야기를 하는지 이해하기가 어려웠다. 하지만 각각의 방향성을 생각해보면 명백히 다르다. 예술은 예술가의 창의성이 중요하고 디자인은 기획의 의도와 목적이 더 중요하다. 디자인의 사전적 의미를 살펴보면 주어진 목적을 실체화하는 것을 의미한다.

> **디자인**
> "주어진 목적을 조형적으로 실체화하는 것"
>
> (출처: 네이버 지식백과)

나는 디자이너가 되고 싶었지만 정작 디자인이 담고 있는 의미는 알지 못했고, 단순히 디자인 툴을 다룰 줄 안다는 것만으로 내가 만들고 싶은 느낌의 디자인만 하였다. 이는 디자인보다는 예술 활동에 가까운 작업물을 만들어 생긴 문제점이었다.

한 가지 나의 사례를 이야기하자면, 인하우스 디자이너로 회사에 다닐 때 상사에게 디자인 업무를 받은 적이 있다. 스스로 만족하고 예뻐보였던 디자인 시안을 만들어 상사에게 보여주었으나 마음에 들지 않는다며 본인이 추구하는 레퍼런스를 가져와 보여주었다. 하지만 그 레퍼런스를 보고 나는 '이게 왜 이쁘지?'라는 생각을 했다. 당시 상사의 연령은 50대였고 글씨도 크게, 이미지도 크게, 뭐든지 크고 눈에 띄고 화려한 디자인이 예쁘다고 생각을 하던 분이었다. 개인의 성향, 연령대, 상황 등 다양한 환경에 따라 주관적인 기준으로 생각할 수밖에 없다. 당시 나는 디자이너지만 개인적으로 생각하는 미적인 기준만 맞춰 생각하고 시안을 만들었으며 상사 또한 마찬가지였다. 정작 그 시안을 만들어야 하는 명확한 목적과 대상을 생각하지 않고 단순히 각자가 생각하는 기준만 생각한 것이다.

디자이너 사이에서 모두 공감할 수 있는 고충으로 "예쁘고 화려하고 심플하고 고급스럽게 해주세요."라는 말이 있다. 이 말이 어려운 이유는 사람마다 생각하는 예쁨, 화려함, 심플함, 고급스러움의 기준이 다르기 때문이다. 가장 중요한 목적을 잃고 디자인을 하면 "왜 이렇게 디자인했어요?"라는 말에 대답하기 어렵다. 프로젝트의 목적, 기획자의 의도, 서비스를 사용하는 대상자를 떠올리고 설득할 수 있는 디자인을 하는 것이 중요하다.

디자인은 예술이 아니란 것을 깨닫고 난 이후부터 디자인을 할 때 기획의 의도와 목적을 파악하는 것을 우선시했다. 단순히 예쁘고 보기 좋게 디자인 하는 것보다 어떤 목적을 위해 디자인을 해야 하는지 먼저 분석을 했는데, 예를 들면 웹 사이트 구축할 때도 고객이나 회사가 추구하고자 하는 목적을 살펴보면 상품을 잘 판매하기 위해, 매출을 올리기 위해, 회원 가입을 늘리기 위해, 브랜드를 알리기 위해 웹 사이트를 만드는 다양한 목적이 있다.

매출을 올려야 하는 목적을 가진 웹 사이트를 만들어야 한다고 가정해보자. 사용자가 상품을 찾기 힘들거나, 매력적으로 보일 수 있는 상품의 상세 페이지 디자인이 부족하거나, 구매 방식이 번거롭다면 사용자는 구매까지 이어지지 않고 이탈하여 매출에 영향을 끼칠 수 있다. 주목적인 매출을 올리기 위해 디자이너는 주력 상품을 메인에 잘 보이게 디자인을 하거나, 구매하고 싶게 만드는 상세 페이지 디자인을 하거나, 할인 금액을 돋보이게 하거나, 구매를 일으킬 수 있는 방향에 초점을 맞추는 등 다양한 방법을 시도할 수 있을 것이다.

보통 이러한 부분을 기획자가 분석하고 기획서를 만들어 디자이너에게 전달해주지만, 정작 디자이너는 예쁘게 만들기 위해 강조해야 할 부분을 오히려 작게 표시하거나 다른 부분을 강조하는 등의 실수를 하여 목적을 잃는 경우가 종종 있다. 나는 비전공자로 처음 시작할 당시에 어떤 디자인이 좋은 디자인인지 알 수 없었다. 처음에는 내 기준에 예쁜 디자인을 만들다가 이후에는 업무를 받는 입장이라고만 생각하여 업무를 지시하는 상사, 혹은 클라이언트의 성향을 파악하고 그 사람들이 만족하는 시선에 맞추어 디자인하는 데 급급하기도 했다. 지금은 디자인을 하는 이유와 기획의 의도를 먼저 생각하고 조금 더 목표를 이룰 수 있도록 디자인하는 것을 더 중요시하게 여기고 있다. 가장 기본적인 디자인의 의미를 제대로 이해하고 기획의 의도와 목적을 잃지 않고 디자인을 하는 것만으로도 설득력 있는 디자이너가 될 수 있을 것이다.

웹/앱 디자인과 UX/UI 디자인

인하우스 웹 디자이너로 일을 하다가 스타트업으로 이직 준비하던 당시에 UX/UI 디자이너를 채용하는 글을 종종 보게 되었다. 웹/앱 디자이너는 많이 봤지만, UX/UI 디자이너는 어떤 일을 하는지 문득 궁금해져 찾아보기 시작했다.

> **UX(User Experience)**: 사용자가 시스템, 제품, 서비스를 직·간접적으로 이용하며 느끼고 생각하게 되는 총체적인 경험
> **UI(User Interface)**: 사람과 사물 또는 시스템, 기계, 컴퓨터 프로그램 등 사이에서 의사소통을 할 수 있도록 만들어진 매개체 (출처: 위키백과)

UX/UI 디자인은 웹/앱 서비스뿐 아니라 제품, 인테리어, 패션 등 다양한 분야에서도 통용되고 있다. 두 가지 의미 모두 '사용자'가 중심이며 데이터를 수집하여 사용자를 분석하고 서비스 제공자가 의도한 대로 사용할 수 있도록 설계를 하거나, 사용자가 제품이나 서비스를 사용하며 겪는 문제점을 찾아 불편함을 해결해주거나, 더 나은 경험을 제공해줄 수 있도록 인터페이스를 만들고 개선하는 역할을 한다. 처음에는 UX/UI 의미가 헷갈리고 어려웠지만 이해하

기 쉬운 대표 사례를 찾아보니 하인즈 케첩 소스통 사례가 있었다.

대표적인 UX/UI 개선 사례

대부분의 소스통은 뚜껑이 위를 향하고 있어 소스를 짜다 뚜껑 쪽에 묻은 케첩이 굳어지며 구멍을 막는 경우도 있고 내용물이 줄어들수록 소스가 바닥면으로 가라앉아 사용하기가 점점 불편해진다. 이를 개선하기 위해 하인즈는 뚜껑이 바닥면을 향하도록 UI를 바꾸어 출시하였다. 이로 인해 사용자는 뚜껑에 소스가 굳는 일도 적어지고, 내용물이 줄어들어도 쉽게 사용할 수 있게 되었다.

하인즈 케첩 소스통은 UI를 개선함으로써 UX도 함께 개선된 대표적인 케이스라고 볼 수 있다. 이처럼 UX 개선을 위해서는 UI 디자인도 중요하며 UI를 어떻게 개선하느냐에 따라 UX도 바뀔 수 있다. 이 때문에 UI와 UX는 상호 작용의 관계를 맺는다.

웹/앱 디자인과 UX/UI 디자인은 별개의 분야가 아닌 대상, 목적, 용도에 따라 UX/UI가 필요할 수 있고, 회사나 브랜드를 알리기 위한 디자인이라면 전달하고 싶은 의미에 더 집중하여 UX/UI가 크게 중요하지 않을 수 있다. 하지만 소비자에게 물건 혹은 서비스를 판매하거나 사용자가 중요한 서비스라면 웹/앱 디자인 내에 UX/UI는 필수적이다. UX/UI 디자인은 웹/앱 디자인과 별개가 아니라는 것이다. 큰 회사라면 전문 UX 설계자, UI 디자이너, 웹 디자이너, 앱 디자이너가 따로 있을 수 있지만 대부분 회사의 UX/UI 디자이너 채용을 살펴보면 업무는 다음과 같다.

- UX 설계 및 Prototyping 제작
- 서비스의 웹/앱 디자인
- UI 디자인 및 인터랙션 디자인
- 사용자 행동 및 데이터 분석으로 UX/UI 개선

이처럼 대부분의 UX/UI 디자이너 채용을 살펴보면 웹/앱 디자인과 UX/UI 디자인까지 함께 할 줄 아는 디자이너를 채용한다. 인하우스 디자이너로 일을 할 때는 B2B 혹은 B2G 사업을 하는 회사에 몸담았는데, 다들 UX/UI를 생각하기보다 고객사의 요구를 더 중요시하게 여겨 이 의미를 깊게 생각할 겨를이 없었다. 이후 B2C 서비스를 운영하는 스타트업에 입사하게 되면서 사용자가 중심이 되는 서비스를 제작하였는데, 이때는 UX/UI 디자인이 정말 중요했다.

UX/UI 디자인에 정답은 없지만, 사용자에게 편리한 디자인과 불편한 디자인은 존재한다. 편리함과 불편함의 차이는 디자이너의 단순한 감으로 디자인을 하는 것이 아닌 수많은 데이터 수집과 분석, 사용자 테스트 등으로 객관적으로 판단을 함에 있다.

UI를 개선하기 위해서는 사용자가 어떤 UI를 더 많이 누르고 어떤 페이지를 더 많이 방문하는지 등 UX 분석을 해야 한다. UX를 분석하는 데 쓸 수 있는 여러 가지 데이터 분석 툴이 있는데, 회사에 다닐 때 선호했던 툴은 구글 애널리틱스 Google Analytics였다.

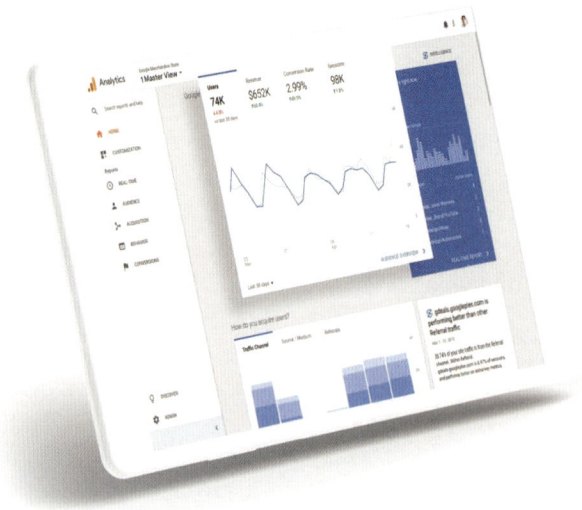

구글 애널리틱스

구글 애널리틱스는 디자이너뿐 아니라 기획자, 마케터, 개발자에게도 도움이 되는 분석 툴로 개발자를 통해 웹/앱 서비스에 설치할 수 있다. 구글 애널리틱스를 이용해 페이지의 신규 방문자, 재방문자, 실시간 방문자 통계 등 다양한 통계 데이터를 볼 수 있으며, 이탈률이 높은 페이지를 파악해 사용자가 페이지에 조금 더 오래 머물 수 있는 콘텐츠를 제공해주거나 사용자들이 이탈하는 페이지에는 어떤 점이 문제점인지 분석을 하며 UX/UI 개선을 고민했었다.

구글 애널리틱스와 같은 분석 툴을 이용하는 방법 외에도 UX/UI를 테스트하는 방법이 있다. A/B 테스트^{A/B Testing}를 이용하는 방법인데 페이스북의 탭 바^{Tab bar}가 바로 이런 경우에 속한다. 페이스북의 탭 바는 아이콘의 크기, 색깔, 배지의 크기, 모양 등이 다양하게 변화해왔었다. 다만 이런 UI가 전체 사용자에게 바로 적용되진 않고, 실제 사용자 대상으로 A/B 테스트를 진행하여 반응이 좋은 디자인을 뽑아 전체 사용자에게 적용하는 케이스도 찾아볼 수 있다. 이처럼 데이터 분석과 A/B 테스트를 이용해 정답을 얻는 방법이 있다.

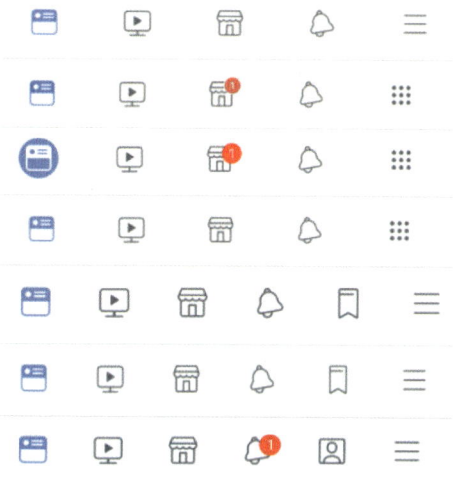

A/B 테스트로 개선하는 페이스북 탭 바

오랜 시간 혼자 고민하는 것보다 빠르게 만들어서 테스트하여 개선하는 것도 방법이 될 수 있다. 하지만 구글 애널리틱스, A/B 테스트 등을 진행할 때 디자이너 혼자서 분석을 하는 것은 어려운 일이다. 구글 애널리틱스의 경우 웹 페이지에 추적 코드를 삽입해야 하고 A/B 테스트 또한 개발자의 도움이 필요하다. UI와 UX에 대한 의미를 함께 인지하며 더 나은 서비스 개선을 위해 분석을 하고 협업하는 것도 하나의 방법이다. 만약 이런 개발 환경이 갖춰지지 않는다면 UX 리서치를 통해 분석하는 방법도 있다. 다양한 리서치 방식이 있겠지만, 쉽게 접근할 수 있는 방법으로는 여러 태스크 리스트를 만들어놓고 직접 수행해보는 방법과 사용자를 섭외하여 태스크들을 어떻게 수행하는지 관찰하는 방법이다.

UX/UI 디자인은 사용자가 겪는 문제점을 분석하여 디자인으로 해결하는 과정이다. 그렇기 때문에 이 과정은 디자인을 더욱 설득력 있게 설명하고 공감하게 만드는 역할을 한다. 그리고 디자인은 정답이 있는 과정이 아니다. 끊임없이 연구하고 분석하고 테스트하며 정답에 가까운 방법을 찾아야 한다.

처음에는 웹/앱 디자인과 UX/UI 디자인은 별개라고 생각했었지만, 의미를 깊게 공부하고 난 이후부터는 UX/UI가 중요하지 않을 것 같던 디자인도 한 번 더 생각하게 되었다. 다른 분야라고 생각하지 않고 UX/UI 디자인을 이해하며 자신이 만든 디자인으로 사용자가 더 즐거워지고 편리해진다면 그것만으로도 보람차고 뿌듯한 결과물이 되리라 생각한다.

경쟁력을 갖춘 디자이너

디자이너라는 직업은 장벽이 높지 않다고 생각한다. 나는 비전공자였기에 전공자보다 부족한 부분이 많았지만, 더욱 더 노력하면서 실무를 통해 포트폴리오를 갖추어나가면 크게 문제가 될 일이 없다고 생각했다. 하지만 처음부터 경쟁력을 갖춘 디자이너가 되긴 쉽지 않았다. 경쟁력을 갖춘다는 것에 정답이 있는 것은 아니지만, 내가 직접 경험하며 개선해나갔던 방법들을 이야기하고자 한다.

첫 번째는 디자인 감각 늘리기와 트렌드를 따라가는 것이다. 디자인 감각은 디자이너들 사이에서도 선천적과 후천적으로 의견이 갈리는 부분이기도 하다. 나는 선천적으로 디자인 감각이 뛰어난 사람들도 많다고 생각하지만, 후천적으로 학습을 통해 키울 수 있다고 생각을 한다. 예전에 직접 만든 디자인이 당시에는 정말 예쁘다고 생각했는데 지금은 정말 촌스럽다고 생각한 적이 한두 번이 아니었고, 지금도 여전히 디자인을 바라보는 기준이 바뀌어간다.

디자인 감각은 정말 많이 하면 할수록, 많이 보면 볼수록 늘어난다. 신입 때는 디자인 시야를 넓히고자 다양한 레퍼런스를 볼 수 있는 웹 사이트를 찾아다녔다. 스스로 할 수 있는 만큼의 실력에 갇히지 않고 더 넓고 많은 디자인을 보는 것부터 시작해야겠다고 생각했다.

처음에는 다양한 디자인 레퍼런스를 볼 수 있는 웹 사이트로 드리블(https://dribbble.com), 어워드(https://www.awwwards.com), 비핸스(https://www.behance.net), 핀터레스트(https://www.pinterest.co.kr)를 매일 즐겨봤다. 특히 그중에서도 내가 가장 잘 활용했던 방법은 크롬의 확장 프로그램을 이용한 방법이었다.

크롬의 확장 프로그램 중에 Muzli라는 프로그램이 있다. 이 확장 프로그램을 크롬에 설치하면 실행하자마자 보이는 구글 검색 화면이 다양한 디자인 레퍼런스를 볼 수 있는 화면으로 바뀌게 된다. 매일 트렌드 디자인 사례를 보여주며 왼쪽 사이드바 메뉴를 통해 다양한 레퍼런스를 제공해주는 사이트(OUR PICKS, 인비전 InVision 블로그, Muzli 블로그, 비핸스 Behance, 드리블 Dribbble, 디자인 뉴스, 어워드)에 올라오는 콘텐츠들을 직접 접속하지 않고도 바로 볼 수 있다.

이렇게 매일 아침 출근을 하고 업무 시작까지 남은 시간 동안 크롬을 실행하면 보이는 Muzli를 통해 매일 바뀌는 디자인 트렌드와 많은 레퍼런스를 보기 시작했다. 국내부터 해외까지 수많은 디자이너가 만든 디자인을 보면서 배우고 싶은 건 연습으로 따라 만들어보고, 만들지 못하는 부분이 있으면 검색도 해보고 사람들에게 물어도 보며 연습을 했다. 그렇게 매일 수많은 디자인을 보며 시야를 넓혀 나갔고, 연습 삼아 만들어보며 표현력도 다양해지고 디자인 감각을 올리는 데 도움이 되었다.

그리고 디자인 툴의 트렌드 변화를 파악하는 것도 중요하다. 디자이너에게 빼놓을 수 없는 것은 디자인 툴인데, 대표적으로는 Adobe사의 포토샵과 일러스트레이터가 있다. 내가 포토샵을 처음 접했을 때(2002년)는 포토샵 7.0 버

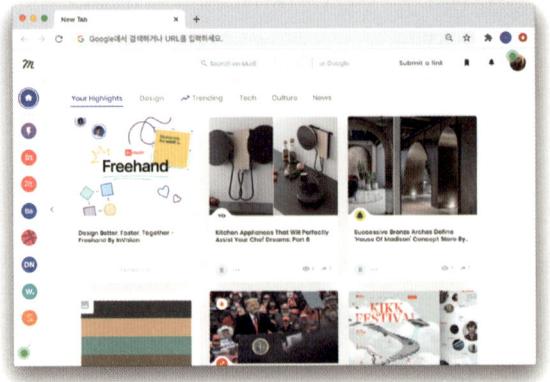

크롬의 확장 프로그램, Muzli를 설치한 화면

Muzli 확장 프로그램 추가 방법: 크롬 브라우저 실행 > Chrome 맞춤설정 및 제어(우측 상단의 삼점 버튼) > 도구 더보기 > 확장 프로그램 클릭 > 좌측의 기본 메뉴 버튼 클릭 > Chrome 웹 스토어 열기 > Muzli 검색 > Chrome에 추가 클릭

전이 출시되었고, 본격적으로 디자인을 하기 위해 포토샵을 설치했을 때(2012년)는 포토샵 CS6이 나왔다. 10년 사이에 포토샵의 버전이 빠르게 바뀌어갔다. 포토샵의 기본 도구들은 버전이 업데이트되어도 크게 변하지 않지만, 시대의 흐름에 맞게 사용자 편의를 위한 기능들을 지속적으로 추가, 개선하고 있다.

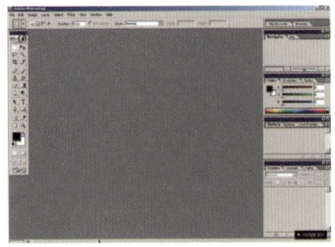 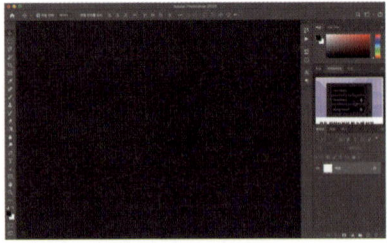

시대의 흐름에 따라 변화한 포토샵- 포토샵 7.0 / 포토샵 2020

특히 최근에는 앱 디자인이 중요해지면서 UI 디자인 툴로 스케치, 피그마 등이 주로 사용되며 Adobe에서도 Adobe XD라는 새로운 UI 디자인 툴을 내놓기도 했다. 이외에도 디자인 프로토타입을 제작하기 위한 다양한 프로토타이핑 툴이 있으며, 개발자에게 가이드를 전달하기 위해 별도의 시간을 소모하며 GUI 가이드를 만들지 않고 제플린을 통해 빠르게 전달하는 등 새로운 디자인 툴은 지속해서 나오고 있다.

스타트업 기업은 변화에 민감하여 피그마^{Figma}, 스케치^{Sketch}, 제플린^{Zeplin} 등 새로운 툴을 익히는 데 익숙한 환경을 가졌다. 하지만 여전히 새로운 툴을 익히는 것에 시간을 소모하거나 변화하기를 꺼리는 회사도 많다. 익숙한 포토샵, 일러스트레이터만 사용하는 것이 아니라 상황에 맞는 새로운 툴을 공부하며 적응해나가야 한다. 이렇게 변화에 맞는 새로운 디자인 툴을 잘 사용할수록 더 좋은 결과물을 만들거나 업무 시간이 단축되는 등 다양한 장점이 있다.

과거에는 플래시, 나모 웹에디터, 드림위버 등의 툴을 사용하여 웹을 만들기도 했지만, 지금은 쓰지 않는 툴로 전락하게 되었다. 그 이유는 기술의 발달, 웹/앱 모바일 환경의 변화도 있지만, 더 좋은 툴들이 등장했기 때문이다. 기술은 지속해서 발전하고 있으며 지금도 여전히 잘 쓰이는 포토샵, 일러스트, 그리고 스케치까지도 언제까지 쓰일지는 그 누구도 모르는 일이다. 변화를 빠르게 눈치채고 기술의 발전에 뒤처지지 않으며 다양한 툴에 빠르게 적응하고 활용하는 것 또한 디자이너에게 중요한 부분이다.

두 번째는 개발을 이해하는 디자이너가 되는 것이다. 어떻게 하면 다른 디자이너보다 더 경쟁력을 갖출 수 있을지 한참 고민이 많았을 때, 처음에는 그 정답이 '개발을 하는 디자이너'라고 생각했다.

개발을 공부하면서 블로그에 개발 기록을 하나씩 올렸다. 그랬더니 나와 같은 마음으로 검색을 하다 개발 공부를 시작한 디자이너들이 블로그를 방문하였고, 비슷한 고민을 가진 사람끼리 모이면서 같은 공감대를 형성하였다. 이를 계기로 '개기디마셔'라는 커뮤니티를 만들 수 있게 되었고, 당시 개발을 하는 디자이너도 많지 않아 DI 매거진에서 인터뷰 제의가 오기도 했다. 인터뷰에서는 나를 디자인과 개발자를 합친 '개자이너'라고 소개하였는데, 그저 개발하는 디자이너가 된 것에 경쟁력을 갖춘 듯하여 뿌듯하기도 했다.

이후 개발을 공부하는 디자이너가 많아지면서 커뮤니티 내에서 '디자이너가 개발하는 것은 아니다'라는 이야기가 많이 나오기 시작했다. 처음에는 '디자이너가 개발을 알면 좋은 점도 많은데, 왜 반대를 하지?'라는 생각을 했지만 개발을 하는 디자이너는 문제점이 많았다. 점점 많은 회사에서 디자인과 개발이 밀접하다는 점을 내세우며 2명을 채용하기보다 디자이너 한 명에게 퍼블리싱 개발까지 하는 것을 요구하기 시작했고, 개발하는 디자이너는 연봉이 더 높은 편이지만 일의 강도는 크게 차이가 났다. 나 또한 개발하는 디자이너로 강점을 내세워 연봉을 높게 올려 입사하기도 했지만, 실무에서 디자인하면서 개발까지 하는 것은 무리가 있었다. 정말 연봉이 중요해서 개발을 공부하고 능숙하게 개발을 할 줄 안다면, 회사에 다니는 것보다 프리랜서로 활동하는 것이 더 좋은 방법일 수 있다.

경쟁력을 갖춘 디자이너란 개발을 직접 디자이너가 아니라, 개발을 이해하며 개발팀과 원활한 협업이 가능한 디자이너이다. 개발을 이해하는 방법은 실로 다양하다. 가볍게 배울 수 있는 HTML과 CSS 정도만 공부를 하거나, 정말 디자이너에게 필요한 개발 지식만 뽑아 공부하거나, 함께 일하는 개발자와 많은 커뮤니케이션을 하는 등의 방법이 있다. 개발을 이해하면 허황된 상상의 나래를 펼치기보다 되는 디자인과 안 되는 디자인의 차이를 알게 되고, 개발자에게 더 효율적인 디자인을 전달하며 원활한 소통을 할 수 있을 것이다.

– 2 –
정확한 시각화를 위한 개발 지식

디자인 시안을 토대로 서비스를 구축하려고 개발자와 협업을 할 때마다 한 가지 의문점이 들었다. 시안 그대로 적용된 느낌이 아니라 어딘가 조금씩 애매한 기분도 들고, 폰트와 크기도 똑같은데 이상하게 웹 사이트에 적용되면 무언가 다른 듯한 느낌이 들었다. 이처럼 디자인 시안과 완성된 개발 화면이 다른 상황을 자주 겪을 수 있는데, 개발 과정에서 문제가 생긴 것보다는 디자인 툴에서 보이는 화면과 실제 웹으로 구축된 화면의 시스템 특성이 달라 발생하는 상황이 대부분이다. 정확한 시각 표현을 위해 알아야 할 개발 지식을 알아보자.

웹 디자인의 색상

웹 디자인에서, 색상은 시각적인 효과를 주면서도 기능적인 요소 중 하나로 웹의 전체적인 분위기와 브랜드의 정체성을 표현할 수 있는 중요한 역할을 한다. 또 시각적인 감정에도 영향을 주기 때문에 컨셉과 맞는 컬러를 잘 선택하여 메시지를 전달할 수 있어야 한다. 이렇듯 디자이너는 색상에 민감할 수밖에 없는데 웹에 맞는 색상을 사용하는 방법과 웹 컬러 표기법을 함께 이해해보자.

1. 색 공간 이해하기

색 공간은 CMYK, RGB, HSL이 있으며 편집 디자인에는 CMYK 색 공간을, 웹 디자인에는 RGB 색 공간을 사용하고 있다.

1) CMYK

CMYK는 C(Cyan, 시안), M(Magenta, 마젠타), Y(Yellow, 옐로), K(blacK, 블랙)의 약자로 인쇄에서 사용되는 색 공간이다. 디지털에 사용되는 색상인 RGB보다 표현 가능한 색상이 적기 때문에, 정확한 색상을 출력하기 위해 Pantone의 컬러 칩을 사용하기도 한다. 간혹 브랜드 컬러를 디지털 색상인 RGB에 맞추어 지정하면 인쇄가 필요한 작업에는 색상이 맞지 않는다. 그러므로 브랜드 색상을 지정할 때는 Pantone 컬러 칩을 통해 먼저 CMYK를 지정하고, 웹 디자인 시 이 색상과 가장 비슷한 RGB 컬러를 지정하여 사용하는 것이 좋다.

2) HSL

H(Hue, 색상), S(Saturation, 채도), L(Lightness, 명도)의 약자로 빛의 삼원색을 표현하는 RGB와 다르게 색상, 채도, 명도를 사용해서 색을 표현하는 방식이다.

3) RGB

RGB는 빛의 3원색으로 R(Red, 빨강), G(Green, 초록), B(Blue, 파랑)의 약자이며, 디지털(웹 디자인, 그래픽 디자인, 모니터 등)에서 사용되는 색 공간이다. 빛을 더했을 때 다양한 색상이 나타나는 원리로 CMYK 보다 더 많은 색상을 지원한다. 웹 디자인을 할 때는 기본적으로 RGB 색 공간을 설정하여 디자인하면 된다.

2. 색상이 다르게 보이는 이유

웹에서 보이는 색상이 사용자마다 다르게 보일 수 있는데, 그 이유는 다양하다. 기본적으로 운영체제(Windows, macOS)에 따라 다를 수 있고 모니터 디스플레이, 그래픽 카드, 사용하는 브라우저에 따라 다를 수도 있다. 사용자의 환경에 맞춰 미세한 색상차를 모두 정확하게 맞출 순 없지만, 모든 기기와 브라우저에 표준적으로 사용되는 sRGB 컬러 프로파일을 사용하는 방법으로 문제를 최소화할 수 있다. 컬러 프로파일은 크게 3가지로 나누어진다.

- **sRGB**: 표준적으로 사용되는 RGB 프로파일
- **P3**: sRGB보다 25% 더 넓은 색 표현이 가능하며 애플 기기에서 사용되는 프로파일
- **Adobe RGB(ARGB)**: sRGB보다 더 넓은 색 영역을 이용할 수 있지만 일반적인 모니터로는 색을 표시하기가 어려운 프로파일

sRGB는 보편적으로 사용하는 브라우저와 운영체제에서 색을 동일하게 표현할 수 있도록 제한적으로 색의 범위를 정한 것으로 sRGB 컬러 프로파일을 사용하여 작업하면 컬러의 차이를 좁힐 수 있다. sRGB를 세팅하는 방법은 다음과 같다.

·**포토샵**: Edit(편집) 〉 Color Settings(색상 설정) 〉 Working Spaces(작업 영역) 〉 RGB : sRGB IEC61966-2.1 선택

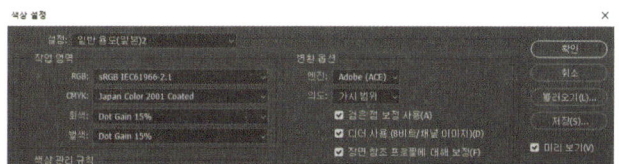

・스케치: File 〉 Change Color Profile 〉 sRGB IEC61966-2.1 선택

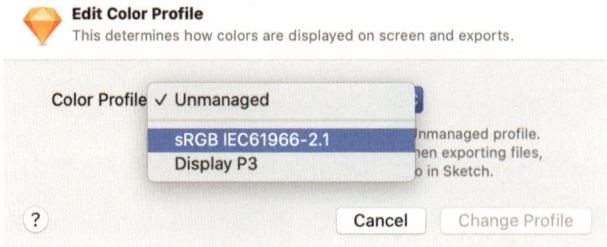

3. 웹 컬러 표기법

개발자에게 색상 코드를 전달해줄 때는 HEX, RGB, HSL 등 다양한 표기법이 있다.

1) HEX(16진수) 표기법

HEX 표기 방법은 웹 컬러 적용 시 가장 많이 사용되는 표기법으로, #을 작성하고 여섯 자리 16진수를 입력하는 방법이다. 파운드 '#' 기호로 시작하며 알파벳(A-F까지의 알파벳)과 숫자의 조합으로 이루어진다. 작성 예시: #FF5733

2) RGB 표기 방법

R(적), G(녹), B(청) 세 가지 색상을 표기하는 방법으로, 각 256개 숫자로 표시하며 가장 낮은 색의 값은 0, 높은 값은 255로 작성한다. 작성 예시: rgb(255, 87, 51)

3) HSL 표기 방법

H(Hue, 색조), S(Saturation, 채도), L(Lightness, 명도) 세 가지를 표기하

는 방법으로, 색조는 0~360으로 표현하며 0과 360은 Red, 120은 Green, 240은 Blue 색상이다. 채도는 0~100% 백분율로 표현하며 100%로 올라갈수록 높은 채도 값이다. 명도도 백분율로 표현하며 0%는 가장 어두운 밝기로 검은색, 100%는 흰색이며 기본값은 50%이다. 작성 예시: hsl(11, 80%, 60%)

4) RGBA / HSLA

RGB, HSL 컬러에 A(alpha, 투명도) 알파 값을 추가한 것으로, 투명도가 필요한 경우 표기하는 방법이다. 투명도는 0.0(투명)~1.0(불투명) 사이의 값을 선택할 수 있다. 작성 예시: rgba(255, 87, 51, 0.5) / hsla(11, 80%, 60%, 0.5)

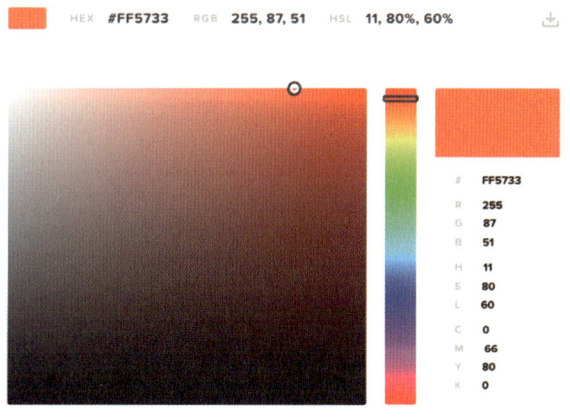

HTML 컬러코드로 확인하는 색상 표기법

이중에서 가장 흔하게 쓰이는 표기법은 HEX이고, 그밖에는 RGB / RGBA 표기법으로 많이 사용한다. 디자이너는 다양한 색상을 활용해 디자인을 표현하기 때문에 미세한 색상 차이를 구별하고 체크할 수 있지만, 개발자가 미세한 부분을 꼼꼼히 확인하기 어렵기 때문에 디자이너가 적용된 이후에도 색상의 차이점은 없는지 한 번 더 확인해보는 것이 좋다. 표기법이 어렵다면 HTML 컬러코드(https://htmlcolorcodes.com) 사이트를 참조해보자.

4. 그라데이션 전달하기

디자인하면서 버튼이나 다양한 곳에 그라데이션을 사용하는 경우도 많은데 그라데이션이 적용된 부분을 이미지로 저장하지 않고 코드로도 표현할 수 있다. CSS Gradient 사이트(https://cssgradient.io)를 활용하여 디자인에 사용한 그라데이션 컬러를 적용하면 CSS 코드가 자동으로 생성되어 개발자에게 쉽게 그라데이션을 전달할 수 있어 유용하게 사용할 수 있다.

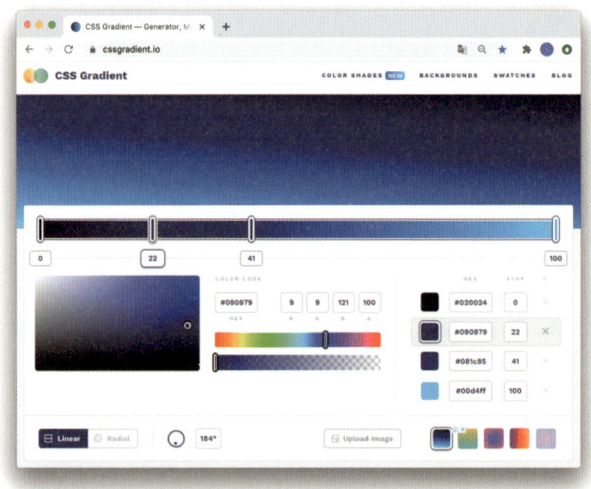

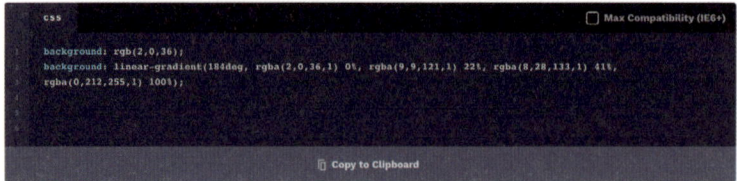

CSS Gradient를 활용해 CSS 코드 자동 생성

이미지/영상

이미지를 사용하면 텍스트보다 더 오랜 기억으로 남게 해주는 효과를 가지고 있어 웹 디자인에서 중요한 요소 중 하나이다. 이미지로 메인 화면을 가득 채우는 풀 스크린 웹 사이트 디자인을 하는 경우도 있으며 썸네일 이미지, 배너, 광고 이미지 등으로도 다양하게 쓰인다. 이미지는 웹 사이트 속도에 영향을 주기도 한다. 특히 용량이 큰 이미지는 불러오는 데 시간이 오래 걸려 사용자에게 불편을 줄 수 있고 웹 사이트에 트래픽 문제가 발생할 수 있다. 상황에 맞게 적절한 이미지를 전달하는 방법을 터득하는 것도 중요하다.

1. 이미지 크기

요즘은 핸드폰으로 촬영하는 사진들도 용량이 최소 3MB로 사진의 품질이 선명해지는 만큼 용량 또한 높은 편이다. 고화질의 원본 이미지를 웹 페이지에 그대로 사용하게 된다면 앞에서도 언급했듯이 트래픽 문제가 발생할 수 있다.

같은 이미지라도 실제 3,000PX 크기의 이미지는 2,690KB의 용량, 1,000PX 크기의 이미지는 370KB 용량으로 7배 정도 차이가 난다. 특히 웹 사이트에 원본 이미지를 넣고 CSS를 활용하여 강제로 이미지를 줄이면 사용자는 필요 이상

7배 차이 2,690Kb 370Kb

크기가 다른 두 가지 이미지 제공

의 트래픽을 소모하게 된다. 그러므로 디자인에 맞는 크기로 면적을 조정하거나 해상도에 따라 불러올 수 있도록 이미지를 2가지 정도 제공해주는 것이 좋다.

2. 상황에 맞는 이미지 포맷

이미지 포맷은 비트맵과 벡터 방식으로 나누어진다. 비트맵 이미지는 작은 픽셀들이 모여 하나의 이미지를 만드는 형태로, 확대하게 되면 깨져보이는 특징을 가지고 있다. 벡터 이미지는 점과 선으로 이루어진 이미지로, 확대를 해도 깨지지 않는 점이 특징이다. 대표적인 이미지 포맷은 JPEG, GIF, PNG, SVG이다. 다음을 통해 네 가지 이미지 포맷의 특징과 용도 등을 알아보자.

1) JPG(JPEG)

대표적인 손실 압축 포맷으로 압축할 경우 이미지의 품질은 떨어지지만, 용량을 많이 줄일 수 있다는 장점이 있다. 그림, 사진 등 웹에서 주로 사용되는 포맷이며 비트맵 방식의 이미지다.

2) GIF

PNG가 나타나기 전에 개발된 무손실 압축 포맷으로 애니메이션을 지원하기 때문에 움직이는 사진을 만드는 데 자주 사용된다. 다만 색상이 256가지로 다른 포맷보다 지원 색상이 적어서 사진이나 영상을 GIF로 변환하는 과정에서는 이미지 품질이 떨어져 보일 수 있다. 이 포맷 또한 비트맵 방식의 이미지다.

3) PNG

대표적인 무손실 압축 포맷으로 이미지 품질의 손실이 없으며 투명도 표현이 가능하다. 다만 JPG보다 용량이 크다는 단점이 있다. 로고, 간단한 배너, 섹션 타이틀 등 투명도가 필요한 이미지에서 주로 사용되며 비트맵 방식의 이미지다.

4) SVG

SVG는 벡터 방식으로 이미지를 확대하거나 축소해도 깨지는 현상이 없다. 또한 XML[1]로 작성이 되어 코드로 색상을 수정하거나 여러 가지 애니메이션 동작을 만들어낼 수 있다는 장점이 있다. 다만 IE8 이하에서는 지원되지 않으며 복잡한 이미지는 표현하기 어려우므로 단순한 아이콘, 로고, 로딩 애니메이션 등으로 사용된다.

비트맵 이미지와 벡터 이미지의 차이

일러스트레이터에서 만든 아이콘이나 로고를 SVG로 저장할 수 있다.

- **저장 방법**: 일러스트레이터 〉 파일 〉 다른 이름으로 저장 〉 포맷: SVG

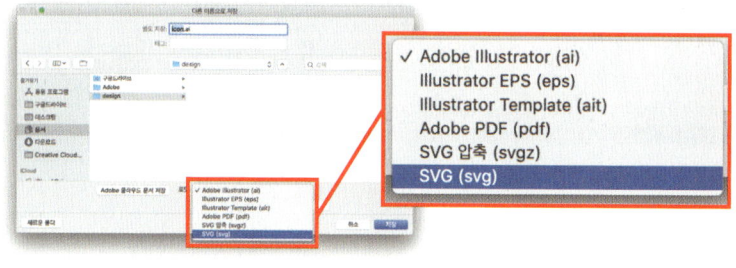

---

1 XML(Extensible Markup Language): W3C에서 개발한 마크업 언어이며, 사람과 응용 프로그램 간의 데이터 상호 교환을 위해 폭넓게 사용되는 포맷이다.

3. 손실 압축(Lossy)과 무손실 압축(Lossless) 이해하기

웹 사이트에 사용하는 이미지는 트래픽을 고려해야 하므로 이미지의 용량에 신경을 써야 한다. 웹 이미지의 용량을 줄이는 방법으로는 손실 압축과 무손실 압축 방식이 있다.

1) 손실 압축

손실 압축은 데이터가 손실되는 방식을 말하며 JPEG 포맷은 손실 압축 포맷이다. 손실 압축의 경우 압축을 줄여 파일의 용량을 크게 줄일 수 있다는 장점은 있지만, 이미지 품질이 저하된다.

다만 압축률이 엄청 낮지 않은 이상 품질의 차이는 미세하므로 트래픽을 감소하는 데 사용하기 적절하다. 고해상도의 이미지가 필요한 경우가 아니라면 압축률을 80~85%로 조정하여 사용하는 것이 좋다.

압축률이 다른 JPEG 이미지

2) 무손실 압축

무손실 압축은 손실 압축과 반대로 품질의 손실 없이 이미지를 압축하는 방식이다. 그 예로 GIF, PNG 포맷이 있는데 품질의 손실은 없지만 파일의 크기는 크게 줄여지지 않는다는 단점이 있다.

어느 이미지 포맷, 압축 방식을 사용하는 것에 대해 정답은 없지만, 서비스의 사용자에게 가장 적합한 것을 골라 적용하는 것이 중요하다. 특히 사진을 많이 사용하는 웹 사이트라면 더더욱 중요한 문제이므로 개발자와 논의하여 트래픽 내에 해결할 수 있는 이미지 포맷을 선택하는 것이 좋다.

4. 웹에 적절한 영상 전달하기

요즘은 고화질 이미지뿐 아니라 영상으로 가득 채워 풀 스크린 비디오를 넣는 웹 사이트도 많아졌다. 이런 디자인은 메시지를 빠르게 사용자에게 전달할 수 있어 많은 브랜드와 기업의 웹 사이트에서 자주 볼 수 있다. 하지만 이미지와 마찬가지로, 용량이 큰 영상 파일을 업로드하게 되면 트래픽 용량으로 서버에 문제가 생길 수 있으니 주의해야 한다. 또한 브라우저별 지원하는 코덱이 다르므로 미리 체크해두면 좋다.

1) 유튜브에 업로드한 후 웹 사이트에 적용하여 트래픽 줄이기

웹 사이트에 영상을 사용해야 한다면 직접 영상 파일을 서버에 올려 보여주는 것보다는 트래픽을 줄이는 방법을 이용하는 것이 좋다. 유튜브, 비메오^{Vimeo} 등의 플랫폼을 활용하여 영상을 업로드하고 〈iframe〉 태그로 웹 사이트에 가져오는 방법이 있다.

2) 브라우저별 지원 코덱 사용하기

서버에 직접 영상을 올린다면 브라우저마다 지원하는 영상 포맷이 다르기 때문에 다양한 포맷을 준비해주는 것이 좋다.

HTML 비디오 형식

지원되는 비디오 형식은 MP4, WebM 및 Ogg 세 가지입니다. 다양한 형식에 대한 브라우저 지원은 다음과 같습니다.

Browser	MP4	WebM	Ogg
Edge	YES	YES	YES
Chrome	YES	YES	YES
Firefox	YES	YES	YES
Safari	YES	YES	NO
Opera	YES	YES	YES

HTML 비디오 형식

웹 사이트에 적용하는 영상은 MP4와 WebM 포맷을 가장 많이 사용하며 HTML5부터는 〈video〉 태그로 간단하게 웹 사이트에 영상을 넣을 수 있다. WebM 포맷은 이미지 압축 방식 중 WebP와 같은 구글에서 만든 동영상 포맷이며 웹에 최적화된 동영상 코덱으로 HTML5 기반으로 동작한다. 다만 지원하지 않는 브라우저가 있기 때문에 MP4 동영상을 함께 제공하는 것이 좋다.

3) 모바일 웹에서 영상 적용은 피하기

풀 스크린 비디오 웹 사이트로 제작하고 모바일 웹에도 똑같이 영상을 넣으면 사용자의 모바일 데이터를 모두 소진하게 될 수도 있다. 그래서 이러한 문제를 예방하기 위해 모바일 웹은 영상이 아닌 이미지로 대체하여 보여주거나 개발자와 협업을 통해 영상이 자동 재생되지 않도록 조치한다.

이렇게 웹 디자인에서 사용되는 이미지와 영상 포맷을 이해하여 상황에 따라 적절하게 배치하는 것도 중요하다. 그리고 트래픽과 데이터 소모에 대한 문제점을 개발자 혼자 생각하는 것보다 디자이너가 미리 알아두고 적절하게 전달해준다면 좀 더 좋은 협업을 만들 수 있다.

폰트

폰트는 메시지 전달에 가장 큰 역할을 하지만, 서비스의 아이덴티티를 나타내는 역할로도 활용할 수 있다. 그만큼 웹 디자인을 할 때 다양한 폰트를 활용해 적재적소에 배열하는 것 또한 중요하다. 다만 폰트를 웹 사이트에 적용할 때 고려해야 할 부분이 있다. 개발자와 함께 협업한다면 디자인에 사용된 폰트 파일을 개발자에게 직접 전달해야 하는 경우가 생기는데, 폰트 적용에 대한 이해가 없다면 개발자와 소통하기 어려울 수 있다. 웹 사이트에서 폰트를 보여주는 여러 방법과 올바르게 전달하는 방법을 알아보자.

1. 개발자에게 폰트를 어떻게 전달할까?

1) 시스템 폰트 사용하기

시스템 폰트는 사용자의 컴퓨터에 설치된 폰트를 말한다. 대표적인 시스템 기본 폰트로 굴림체, 돋움체, 바탕체, 궁서체 등이 있으나 시스템 기본 폰트는 표현력의 한계에 부딪히는 경우가 있다. 필요에 따라서는 외부 폰트 제공 업체를 통해 원하는 폰트를 시스템에 별도로 설치하여 사용하기도 한다. 하지만 별도로 설치한 시스템 폰트를 웹에 적용되기 위해서는 웹 폰트로 변환하는 과정을 거쳐야 한다.

2) 이미지 폰트 사용하기

이미지 폰트는 디자인에 적용한 폰트를 이미지로 잘라서 저장한 것을 말하며, 자주 수정하지 않는 타이틀에 사용하는 것이 좋다. 폰트를 이미지로 저장하게 되면 용량이 커지므로 웹 트래픽 문제가 생길 수 있으며 간단한 텍스트를 수정하는 일도 번거로워진다.

3) 웹 폰트 사용하기

웹 폰트는 웹에서 보이는 폰트를 말한다. 웹에서 보이게 하는 방법으로는, 폰트 파일을 웹 서버에 저장하여 적용하고 사용자가 웹 페이지 접속 시 폰트를 불러와 보여주는 방식과 구글에서 제공하는 웹 폰트 등을 사용하는 방식이 있다.

다만 웹 폰트 파일은 트래픽 문제도 고려해야 한다. 웹에서 표현할 수 있는 글자가 영문은 94자, 한글은 11,172자로 한글 폰트의 용량이 꽤 크기 때문에 웹사이트 로딩 속도가 느려지거나 트래픽 문제점이 생길 수 있다. 따라서 용량 또한 고려해서 작업해야 하며 폰트의 용량을 줄이는 데는 다음 방법을 참고하면 좋다.

2. 폰트의 용량을 줄이는 방법

1) 경량화된 '서브셋' 웹 폰트 파일 사용하기

폰트 파일 중 경량화된 서브셋[Subset] 웹 폰트 파일이 있다. 이는 사람들이 자주 사용하지 않는 글자들을 줄인 것으로 폰트의 파일 용량을 2~10MB에서 300~500KB 정도로 줄여줄 수 있다. 다만 자주 사용하지 않는 글자여도 가끔 쓰일 수 있는 게시판이나 커뮤니티 서비스 등에 경량화 웹 폰트를 쓸 경우 글자가 올바르게 나타나지 않으므로 고려해서 사용해야 한다.

락 랔 람 랑 래 랙 랚 랜 랝 랞 랟 랠 랡 람 랣 랤
랥 랦 랧 램 랩 랪 랫 랬 랭 랮 랯 랰 랱 랲 랳 랴
략 럂 럃 럄 럅 럆 럇 럈 량 럊 럋 럌 럍 럎 럏 랰
럅 럆 럇 럈 량 럊 럋 럌 럍 럎 럏 러 럑 럒 럓 런
럕 렇 레 렉 렊 렋 렌 렍 렎 렏 렐 렑 렒 렓 렔 렕
렬 렮 렯 렰 렱 렲 렳 렴 렵 렶 렷 렸 령 렺 렻 력
렡 렛 렜 렝 렞 렟 렠 렡 렢 렣 로 록 롞 롟 론 롡 롢
라 롹 롺 롻 론 롽 롾 롿 뢀 뢁 뢂 뢃 뢄 뢅 뢆 롬
롬 롭 롮 롯 롰 롱 롲 롳 뢐 뢑 뢒 뢓 뢔 뢕 뢖 뢗

자주 사용되지 않는 글자들이 포함되어 있는 11,172자 중 일부 발췌

2) 최적의 폰트 포맷 사용하기

폰트 파일의 포맷은 다양하다. 그중에서 일반적으로 모든 브라우저를 지원하는 형식의 포맷은 EOT, TTF, WOFF, WOFF2이다. 용량 순으로 정리하면, TTF 〉 EOT 〉 WOFF 〉 WOFF2가 된다. TTF 파일이 용량이 가장 크며 WOFF2 파일이 용량이 가장 적다.

익스플로러 8 이하는 EOT 포맷을 사용해야 하며 익스플로러 9 이상부터는 WOFF 포맷을 지원한다. 익스플로러를 제외한 크롬, 사파리, 파이어폭스, 엣지 브라우저는 모두 WOFF2 포맷을 지원한다. 그러므로 최신 버전 사용자를 대상으로 한다면 WOFF2 포맷을 사용하면 된다. 기획에 따라 고려해야 하는 브라우저와 사용자를 파악하고 개발자에게 적절한 폰트 포맷 파일을 전달해주면 개발자는 더욱 효율적으로 폰트를 적용할 수 있다.

3) 구글 웹 폰트(Google Fonts) 사용하기(https://fonts.google.com)

일반 폰트 파일을 서버에 업로드하여 웹 폰트 파일을 적용하는 방법도 있지만, 구글에서 제공하는 웹 폰트를 활용하는 방법도 있다. 구글 웹 폰트에서 제

공하는 폰트를 사용한다면 개발자에게 별도의 폰트 파일을 넘겨주지 않아도 된다. 이런 웹 폰트 방식을 CDN$^{Content\ delivery\ network}$이라고 하는데, 이를 활용하면 폰트 파일을 서버에 직접 업로드하지 않기 때문에 트래픽 면에서 더 효율적이다. 다만 구글 웹 폰트에서 제공하는 한글 폰트는 총 26가지로 제한적이다. 웹 디자인에 자주 쓰이는 고딕(San Serif) 계열의 Noto Sans KR, 나눔 고딕, 그리고 명조(Serif) 계열의 Noto Serif KR, 나눔 명조, 그리고 배달의민족 글씨체와 산돌, 윤디자인에서 제공하는 폰트가 있다.

이렇게 개발을 고려하여 웹 폰트를 적절하게 전달하고 사용하는 방법이 있다. 무료로 제공되는 웹 폰트는 자유롭게 사용해도 무관하지만, 간혹 무료 웹 폰트 중에서도 상업적 폰트로 활용이 불가능한 부분들도 있으니 꼭 저작권 사용범위도 꼼꼼하게 체크하고 고려하여 디자인해야 한다.

3. 폰트 아이콘 활용하기

아이콘을 폰트로 제공하는 CSS 라이브러리인 Fontello를 활용하여 웹에 쉽게 아이콘을 적용할 수도 있다. Fontello에서 무료로 제공하는 아이콘들은 디자인에 사용할 수 있으며 아이콘의 크기 변경, 색상 변경이 자유로워 반응형 웹이나 모바일에서 사용하기 편리하다. 또 일러스트로 직접 만든 아이콘을 SVG로 저장하여 Fontello에 업로드하면 아이콘 폰트를 직접 만들 수도 있다.

화면의 크기에 따라 아이콘 크기가 바뀌어야 하는 반응형 웹을 제작할 때 이미지 형태가 아닌 SVG 또는 CSS 형태로 변환하여 개발자에게 전달해주면 좋다. 그러면 디자이너는 여러 크기의 이미지를 제작할 필요가 없어지고, 개발자 또한 코드로 가볍게 표현할 수 있게 된다.

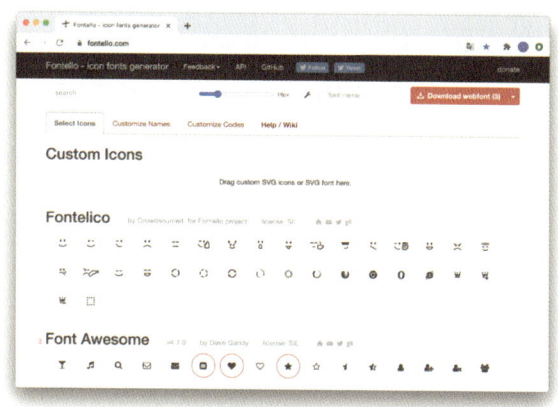

Fontello(https://fontello.com)

4. 자간과 행간 체크하기

폰트를 개발자에게 전달했다면 이제 웹에 적용된 모습도 한 번 더 체크하는 것이 좋다. 간혹 디자인에 적용한 폰트의 간격과 개발 결과물이 다른 모습을 발견하고 개발자와 트러블이 생기는 경우가 있다. 제플린^{Zeplin}을 통해 전달하는 방법도 있지만, 웹에 적용될 때 기본적인 자간, 행간이 적용되는 방식과 계산값을 이해하고 있는 것도 좋다.

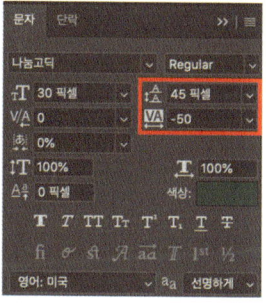

포토샵의 자간 행간 예시- 폰트 크기: 30PX / 자간: -50 / 행간: 45PX

CSS 표기법
- **행간**: 'line-height : 값'
- **자간**: 'letter-spacing : 값'

1) 자간(글자 사이의 간격)

포토샵에서 자간은 PX과 같은 단위가 보이지 않는다. Adobe 공식 사이트에서는 자간의 값을 1/1000em으로 표현하고 있으며, 자간이 -50일 경우에는 -0.05em, 5일 경우에는 0.005em, 100일 경우에는 0.1em으로 표기한다. 예를 들어 자간 50을 CSS 개발 코드로 작성할 경우에는 'letter-spacing: **-0.05em**'으로 표기한다. 자간은 em으로 값을 변환하여 개발자에게 전달하면 된다.

2) 행간(줄 간격)

워드, 포토샵 등 글자를 작성하는 프로그램에서의 행간은 글자 기준 아래로 줄 간격을 띄운다. 반면에 CSS에서의 행간은 글자의 중앙 기준으로 위아래를 띄우기 때문에 포토샵에서 보이는 행간의 값을 개발자에게 전달하면 디자인과 개발 결과물의 행간이 다르게 보일 수 있다. 또 행간을 포토샵에서 PX값으로 설정하고 CSS 코드도 PX값으로 전달하면 고정값이 되어버린다. 이러면 폰트 크기를 수정할 때마다 행간 값까지 모두 조절해야 하는 번거로움이 생긴다.

CSS 행간 계산 방법
행간 / 폰트 크기 = **CSS 값**

가장 좋은 건 위의 계산 방법을 이용하는 것이다. 예를 들어 행간 45PX, 폰트 크기 30PX이라면 CSS 행간 작성 값은 1.5가 나오며, 이를 코드로 나타내면 PX

단위 없이 'line-height : 1.5'로 작성된다. 행간은 퍼센트 값으로도 작성할 수 있으며 퍼센트의 경우 1.5는 150%로 작성하면 된다(line-height : 150%). 웹 접근성에서 권장하는 행간의 최소값은 1.5이며 기본값은 1.75를 권장하고 있다.

　행간과 자간의 값을 정확하게 전달을 했다고 해도 운영체제와 브라우저에 따라 미세하게 오차가 있을 수 있다. 이런 부분은 디자이너가 한 번 더 체크해서 개발자와 소통을 통해 값을 수정하며 맞춰가야 한다.

　이렇듯 디자이너에겐 폰트 또한 중요한 작업이다. 다시 한번 폰트에 관한 주요 사항을 정리해보면 이렇다. 먼저 시스템 폰트, 이미지 폰트, 웹 폰트를 상황에 따라 고르게 사용해야 하는 것이다. 두 번째는 디자인툴에서 적용할 때와 코드로 적용할 때의 행간과 자간 값이 다를 수 있음을 알고, 개발자가 올바르게 적용할 수 있도록 가이드를 제공해주는 것이다. 이처럼 개발에 적절한 폰트를 이해하고, 값의 오차를 함께 줄여나가는 것 또한 개발자와 원활하게 협업을 할 수 있는 좋은 방법이다.

해상도

　디스플레이에서 해상도는 화질과 성능을 결정하는 기준이며 1인치당 픽셀의 수를 나타낸다. 사용자의 기기마다 디스플레이 크기가 다를 것을 고려해, 어떤 해상도에 맞추어 웹 디자인을 할 것인지 그 기준을 잡는 것 또한 중요하다.

1. 웹 디자인 디스플레이 기준

　웹 디자인을 시작할 때, 사용 기기마다 다른 디스플레이 크기 때문에 기준점을 어디에 맞추어 디자인할지 고민을 한 적이 있을 것이다. 기준을 잡기 위해서는 웹 사이트의 주 사용자가 누구인지, 현 시점에는 어떤 디스플레이 크기를 사용자들이 많이 쓰는지 등을 파악해보는 것이 좋다.

아래는 스탯카운터에서 살펴본 2019-2020년 국내 PC 해상도 점유율이다. 1920×1080 사용자가 가장 많은 부분을 차지하지만, 이외에도 다양한 해상도를 사용한다는 것을 확인할 수 있다.

![statcounter GlobalStats - 1920x1080 50.09%, 1536x864 9.7%, 2560x1440 6.41%, 1366x768 4.64%, 1280x720 3.06%, 1680x1050 2.55%, Desktop Screen Resolution Stats in Republic Of Korea - December 2020]

웹 트래픽 분석 기업, StatCounter로 본 2019-2020 국내 PC 해상도 점유율

PC뿐 아니라 모바일 웹의 사용자도 모바일 기기의 해상도가 모두 다르다. 또 나라마다 해상도 점유율이 다를 수 있으니 글로벌 서비스를 운영한다면 각국의 해상도 점유율을 체크해보는 것이 좋다. 이렇게 사용자마다 해상도가 모두 다르기 때문에 웹 디자인에서는 모든 디바이스를 맞추어 디자인하는 것은 어려운 일이다. 웹의 경우 가로 해상도를 고려하여 컨테이너의 값을 적절하게 지정해서 구축하는 방법도 있다.

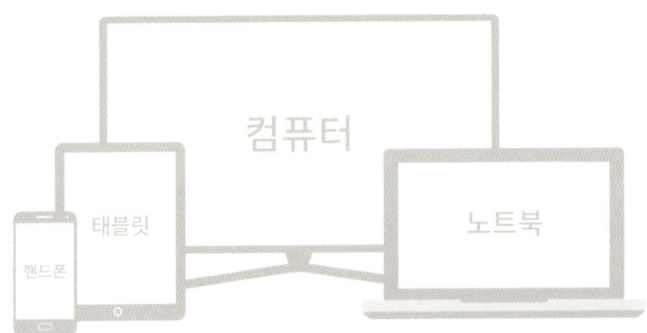

다양한 기기의 디스플레이 크기

2. 컨테이너 값 정하기

컨테이너는 브라우저 안에서 콘텐츠가 있는 영역을 말한다. 사용자마다 디바이스 해상도가 다르기 때문에 가장 큰 가로 1920 해상도로 컨테이너 영역을 디자인하면 가장 작은 해상도 사용자는 콘텐츠가 잘려 보이지 않을 수 있다. 그러므로 다양한 사용자를 고려한다면 작은 해상도 안에서도 콘텐츠가 안전히 보일 수 있도록 컨테이너의 값을 지정해야 한다.

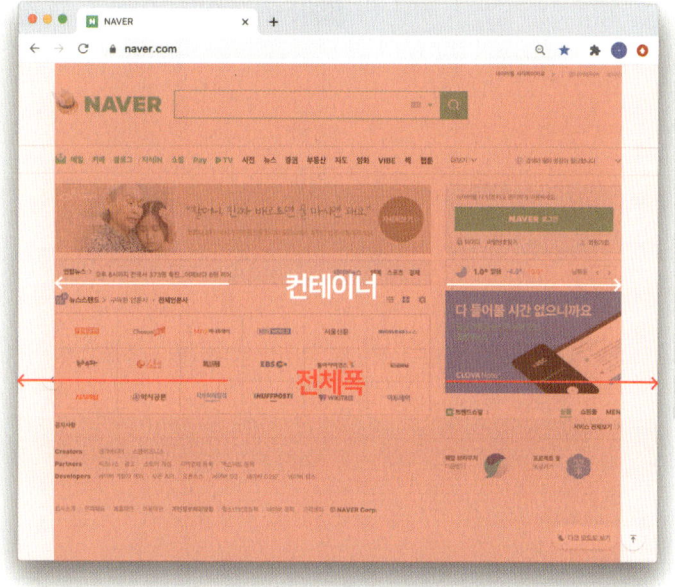

컨테이너 값 지정하기

Daum의 경우 컨테이너 가로는 990PX, 쿠팡 1020PX로 작은 해상도를 사용하는 사용자를 고려하여 960~1080PX 내의 고정값으로 구축하는 경우도 있다. 또한 최근 넓은 해상도를 이용하는 사용자가 많아지면서 네이버, 11번가,

GS SHOP 등은 사용자가 접속한 디바이스의 크기를 파악하고 컨테이너 값이 960PX~1280PX로 유동적으로 변하는 형태로 구축하는 경우도 많아졌다. 사용자 환경에 따라 적절하게 컨테이너의 값을 지정하여 디자인하면 된다.

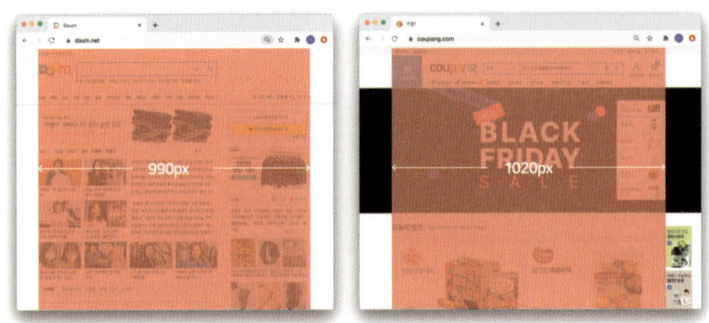

Daum과 쿠팡의 컨테이너 값

프로토타이핑

프로토타이핑은 머릿속에 있는 상상력이나 아이디어를 최소한으로 미리 만들어보는 것으로 기획자, 디자이너, 개발자와의 커뮤니케이션 오류를 줄여주는 장점이 있다. 스타트업의 경우 서비스를 빠르게 만들고 가설을 빠르게 검증하는 방식인 '린 스타트업 Lean Startup'을 이용하는데, 시장에 대한 가정을 테스트하기 위해 프로토타이핑을 만들도록 권하고 있다. 개발자에게 머릿속에 있는 모습을 말로 표현하기 어렵다면 프로토타이핑을 활용하여 설명하는 방법도 좋다.

1. 프로토타이핑 두 가지 방식

1) 하이 피델리티 프로토타입(Hi-fi: High Fidelity Prototype)

Hi-fi 프로토타입은 실제 서비스만큼 높은 완성도로 프로토타입을 만드는 방식이다. 신규 서비스 사용자 대상으로 사용성을 테스트하여 피드백을 받아 개선하며 사용자와의 커뮤니케이션 도구로 좋은 방식이다. 완성도가 높은 방식이기 때문에 프로토타입을 만드는 시간이 소모되지만, 전체 프로젝트의 완성도를 더욱 높이기 위해 사용하기도 한다.

2) 로우 피델리티 프로토타입(Lo-fi: Low Fidelity Prototype)

Lo-fi 프로토타입 방식은 가장 최소한의 방법으로 이른 시일 내에 프로토타입을 만드는 방식이다. 이 방식은 큰 기술이 필요하기보다 커뮤니케이션을 위한 종이나 펜만 있어도 충분하다. 사용자와의 커뮤니케이션보다는 기획자-디자이너-개발자 사이의 프로젝트를 위한 커뮤니케이션 방식이다.

2. 프로토타이핑 어떻게 해야 할까?

Hi-fi 프로토타입은 실제 사용자를 대상으로 테스트를 하기 위한 방법이기 때문에 프로젝트의 후반 단계에서 사용되는 방식이다. 반면에 Lo-fi 프로토타입은 프로젝트를 시작하는 단계에서 사용된다. Lo-fi 프로토타입은 팀원과의 커뮤니케이션을 위해 페이퍼 프로토타이핑이나 프로토타이핑 툴을 활용하는 방법이 있다.

1) 페이퍼 프로토타이핑

"종이, 펜, 가위, 상상력만 있으면 된다." 트위터를 만든 잭 도시[Jack Dorsey] CEO는 트위터를 처음 상상했을 때 종이에 그려내듯이 스케치를 했고 이후 실제 서비스를 만들어냈다.

한편, 구글에서는 페이퍼 프로토타이핑을 이용해 다양한 인터페이스 실험을 한 사례가 있다. 종이와 카드를 직접 포개어보며 깊이와 그림자를 스크린에 적용하는 등 머티리얼 디자인을 만들기도 했다.

이처럼 페이퍼 프로토타이핑은 디자인 기술이 필요 없다. 정말 종이와 펜만 있으면 아이디어를 그려낼 수 있어 진입장벽이 낮고, 가장 기본적인 방법이다. 이 방법은 가장 초기 단계에 진행해야 효과적이기 때문에 보통 기획 단계에서 쓰이기도 한다.

페이퍼 프로토타이핑(출처: flickr)

2) 프로토타이핑 툴 사용하기

디자인하고 개발 단계로 넘어가야 하는 상황에서 모바일 제스처나 플로우 등을 말로 표현하기 어려울 때는 '프로토타이핑 툴'을 이용해 원활하게 커뮤니케이션을 할 수 있다. 프로토타이핑 툴을 이용하면 개발 언어에 대한 지식 없이도 간단하게, 실제 운영하는 앱 서비스처럼 프로토타입을 만들 수 있다는 장점이 있다.

프로토타이핑 툴은 Adobe XD에서 자체적으로 프로토타이핑 툴을 제공하고 있으며 오븐^{Oven}, 플린토^{Flinto}, 인비전^{InVision}, 프로토파이^{ProtoPie}, 프레이머^{Framer}, 마블^{Marvel}, 발사믹^{Balsamiq} 등 다양한 프로토타이핑 툴이 있다. 대부분 유료로 제공하기 때문에 Trial 버전으로 직접 테스트해보고 용도에 맞는 툴을 찾아 사용하는 것이 좋다.

> 참고로 PART 04의 '생산성 향상을 위한 협업 툴'에서 개발자와의 협업을 하는 데 쓰이는 프로토타이핑 툴들의 기능과 특징을 간단히 소개할 것이다.

- 3 -
협업을 위한 개발 지식

 디자이너가 개발자와 함께 협업할 때 가장 중요한 점은 단순히 시안만 만들고 끝내는 것이 아니다. 웹 또는 모바일의 특성을 알고 내가 만든 디자인 시안이 다양한 환경에서도 문제없이 표현이 되었는지 맞춰가며 완성도 높은 프로젝트를 만들고 개발자와 함께 방법을 찾아 협업하는 자세가 필요하다. 협업을 위해 필요한 개발 지식에 대해 알아보자.

웹 표준과 웹 접근성

 웹 디자인 업무를 하다 보면 웹 표준과 웹 접근성이라는 용어를 들어본 적이 있을 것이다. 많은 사람에게 보여야 하는 웹 사이트를 구축해야 하는 경우라면 웹 표준과 웹 접근성을 지켜야 하며, 개발자가 지켜야 하는 규칙과 디자이너가 지켜야 하는 규칙들이 있다.

 웹 표준은 모든 사용자가 다양한 운영체제와 브라우저를 사용하더라도 같은 경험을 할 수 있도록 만든 규칙들이다. 브라우저에서 모두 동일한 결과로 보이게 해주기 위해서는 기술적인 부분이 필요하기 때문에 크로스 브라우징 기술 등의 개발자 역할이 크다.

 웹 접근성은 비장애인, 장애인, 고령자를 포함한 모든 사용자가 웹 사이트를 이용하는 데 문제가 없도록 디자인을 하는 방식이다. 말 그대로 모두가 동등하게 접근하고 이용하는 것이 중요하므로 디자이너의 역할이 크다고 볼 수 있다. 웹 접근성을 고려하여 서비스를 구축해야 하는 프로젝트라면, 디자이너는 텍스트 크기, 행간, 컬러, 명도, 콘텐츠의 구성까지도 다양하게 고려해야 한다.

예를 들면 차트 디자인을 할 때 결과 데이터의 값을 단순하게 색상으로 구분하여 디자인하게 된다면 색각 장애인은 색상을 구분할 수 없어서 정확한 정보를 알 수 없게 된다. 또 시각 장애인은 이미지를 정확하게 확인할 수 없으므로 이미지에 alt 속성값을 통해 설명을 제공해주어야 스크린 리더기에서 이미지를 읽을 수 있다. 이처럼 웹 접근성에서는 색상이나 이미지와 관계 없이 데이터가 인식될 수 있도록 고려해야 하는 기준들이 있다. 장애인과 비장애인 및 고령자 모든 사용자에게 정보를 제공하는 데 있어 다름이 없어야 한다.

네이버 검색 돋보기에 마우스를 올리면 나타나는 alt 속성 값

이 규칙들이 만들어진 이유는 이러하다. 과거 여러 브라우저 사에서 사용자 점유율을 차지하기 위해 브라우저 간 호환이 불가능한 기능들을 적용하였고, 사용자들은 하나의 브라우저만 사용해야 하는 불편함을 겪었었다. 이로 인해 표준화 단체인 W3C^{World Wide Web Consortium}에서 웹 표준과 웹 접근성 규칙을 만들게 되었다. 웹 접근성은 한국정보화진흥원이 운영하는 '**웹 접근성 연구소** (https://www.wah.or.kr:444/)'에서 국내에 맞게 반영한 '한국형 웹 콘텐츠 접근성 지침 2.1'로 항목들을 자세하게 확인해볼 수 있으며 공공기관, 국공립학교, 병원, 복지시설 등 많은 사람이 공평하게 보여줘야 하는 웹 사이트를 구축해야 하는 경우라면 이를 꼭 참고해야 한다.

크로스 브라우징

크로스 브라우징은 다양한 브라우저에서도 모두 동일한 내용을 보여주는 개발 기술을 말한다. 개발자의 역할이 중요한 부분이지만 디자이너에게도 중요하다. 예를 들어 디자이너가 보고 있는 브라우저가 크롬이라면, 크롬에서는 디자인이 원하는 대로 반영이 되겠지만, 익스플로러로 보면 디자인이 틀어지는 경우가 발생할 수 있다. 이 부분은 개발자에게 맡기기보다 디자이너도 함께 체크하는 것이 좋다. 브라우저별 미세한 디자인 차이는 개발자가 놓칠 수도 있기 때문에 디자이너가 함께 크로스 브라우징을 체크해주면 좋다.

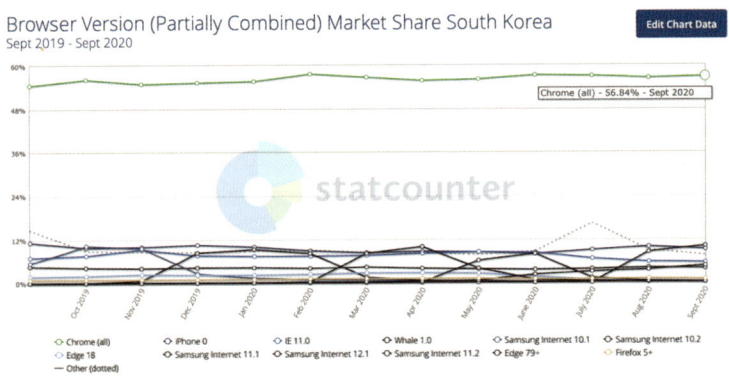

국내 브라우저 점유율

사용자들이 사용하는 브라우저는 다양하다. 익스플로러, 크롬, 사파리, 오페라, 파이어폭스, 웨일 등 여러 브라우저가 존재하는데, 브라우저별로 사용하는 버전도 제각기 다르다. 익스플로러만 예를 들어도 익스플로러 8, 9, 10, 11 버전이 있는데, 브라우저 업데이트를 하지 않아 여전히 익스플로러 구버전을 사용하는 사용자도 있을 수 있다. 개발 언어는 지속해서 업데이트되며 새로운 기술이 나오고 있다. 하지만, 그렇다고 해서 최신 버전에만 맞추어 개발하면 구버전 사용자는 새로운 기술이 적용되지 않아 웹 사이트가 올바르게 보이지 않을 수 있다. 웹 표준은 모든 사용자가 동일한 결과를 보이게 하는 것이 목적이므로, 브라우저마다 동일한 결과를 보여주는 과정을 만드는 '크로스 브라우징'은 필수적인 부분이기도 하다. 정말 하위 브라우저까지 맞출 때는 기술 표현의 한계가 있어도 사용자에게 전달하려는 정보는 동일하게 제공을 해줘야 한다.

따라서 우리 웹 서비스가 지원해야 할 브라우저의 종류, 버전을 파악하고 개발자와의 협업을 통해 브라우저마다 디자인을 반영할 때 문제가 없는지 함께 체크하는 것이 좋다. 체크하는 방법은 브라우저마다 다른데, 익스플로러는 개발자 도구로 하위 익스플로러 버전의 화면을 볼 수 있으며, 크롬은 개발자도구를 이용해 여러 가지 단말기의 모습을 확인할 수 있다.

1. 익스플로러 개발자 도구로 하위 브라우저 화면 확인하기

익스플로러를 실행한 후 오른쪽 상단의 톱니바퀴 아이콘을 누르고 [F12 개발자 도구]를 클릭한다. 그 후 개발자 도구 탭의 '에뮬레이션'을 클릭하여 문서 모드를 변경하고 확인하면 된다.

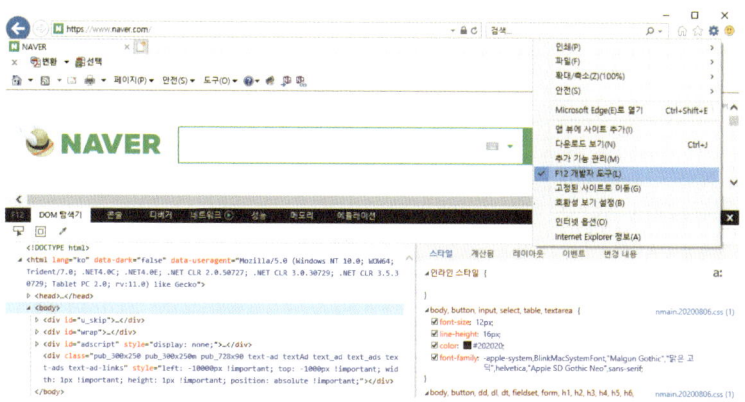

익스플로러 브라우저에서 '개발자 도구' 선택

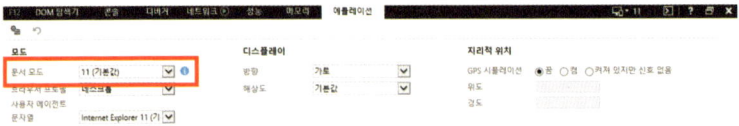

개발자 도구의 '에뮬레이션' 탭을 이용해 익스플로러 하위 버전 선택

위의 방법으로 익스플로러 하위 버전들까지 디자인이 어떻게 반영되는지 확인해볼 수 있다. 윈도우에는 익스플로러 버전 하나만 설치할 수 있다. 다른 컴퓨터에 설치하거나 가상 머신을 사용해서 하위 버전을 확인할 수는 있지만, 이 방법은 매우 불편하다. 그렇기 때문에 익스플로러 개발자 도구를 통해 확인하는 것이 편리하다.

2. 크롬 개발자 도구로 다양한 단말기 크기 화면 확인하기

크롬의 개발자 도구에서는 '디바이스 모드'를 제공하므로, 다양한 단말기 크기를 선택하여 나타나는 화면을 테스트해볼 수 있다. 개발자 도구는 크롬을 실행한 후 오른쪽 상단의 설정 > 도구 더 보기 > 개발자 도구를 클릭하거나 F12 단축키를 눌러 실행할 수 있다.

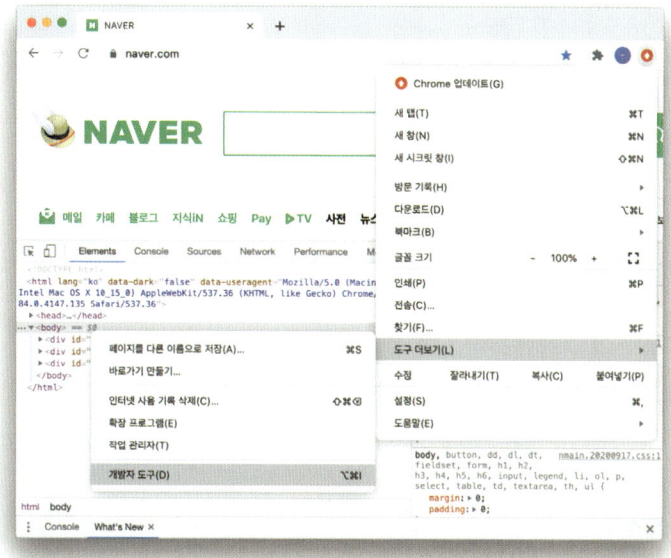

크롬 브라우저에서 '개발자 도구' 선택

하단에 개발자 도구 화면이 활성화되면 Toggle device toolbar 아이콘을 클릭한다.

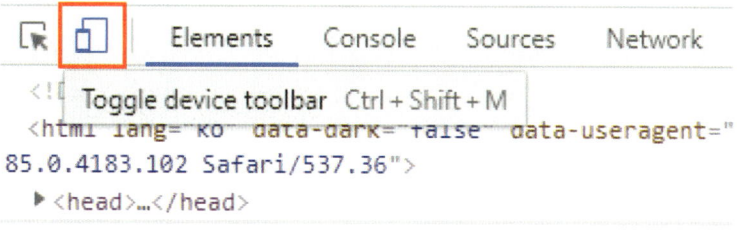

개발자 도구 화면의 상단에서 Toogle device toolbar를 클릭

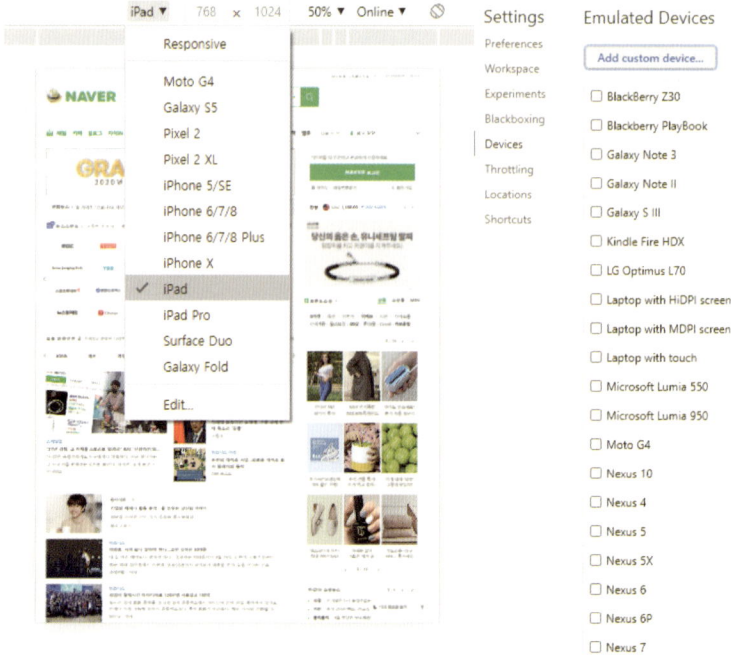

화면 테스트를 할 기종 선택

　　iPhone, iPad, Galaxy Note 등 다양한 기기를 선택하여 확인할 수 있으며, Edit를 클릭하면 더 많은 기기 리스트를 확인할 수 있다. 또 Add custom device를 클릭하여 직접 디바이스 크기 픽셀을 입력하여 저장하고 사용할 수 있다.

　　이처럼 개발이 완료된 웹 화면을 익스플로러 개발자 도구, 크롬의 개발자 도구를 통해 하위 버전과 여러 단말기의 화면을 미리 보면서 디자인이 틀어진 게 없는지, 기능이 잘 작동이 되는지 등 다양한 환경을 미리 확인해보면 된다.

크롬의 개발자 도구

크롬에서 제공하는 개발자 도구는 개발을 도와주는 패널들로 구성되어 있지만, 디자이너도 알고 활용하면 유용하다.

1. 크롬의 개발자 도구 탭 살펴보기

디자이너가 개발자 도구의 모든 메뉴 탭 기능을 알 필요는 없지만, Elements 탭은 알고 활용하면 도움이 된다. 아래를 참고해 개발자 도구 탭들을 간단히 살펴보고, Element 패널을 활용하는 방법을 알아보자.

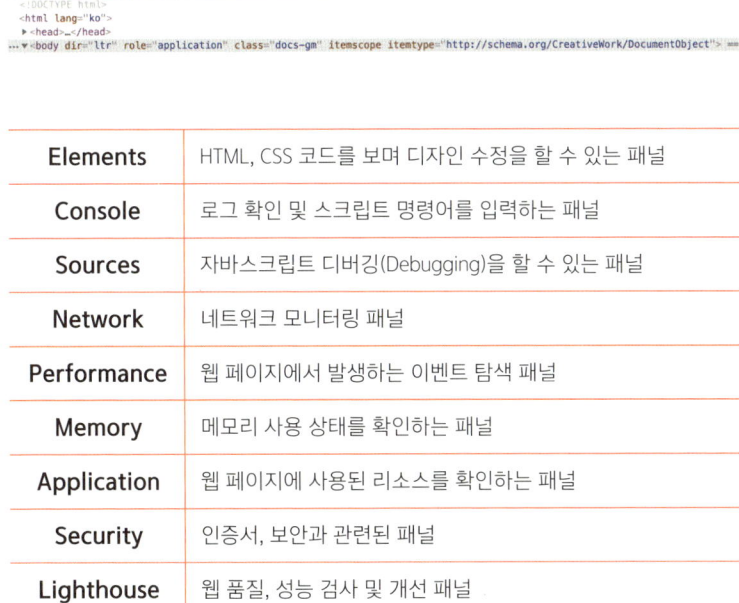

Elements	HTML, CSS 코드를 보며 디자인 수정을 할 수 있는 패널
Console	로그 확인 및 스크립트 명령어를 입력하는 패널
Sources	자바스크립트 디버깅(Debugging)을 할 수 있는 패널
Network	네트워크 모니터링 패널
Performance	웹 페이지에서 발생하는 이벤트 탐색 패널
Memory	메모리 사용 상태를 확인하는 패널
Application	웹 페이지에 사용된 리소스를 확인하는 패널
Security	인증서, 보안과 관련된 패널
Lighthouse	웹 품질, 성능 검사 및 개선 패널

2. 디자이너를 위한 Elements 패널 활용하기

자신의 웹 디자인이 개발자 손을 거쳐 웹으로 구축되었으나 어딘가 조금 아쉬운 느낌이 든다면 Elements 패널을 적극적으로 활용해서 소통하는 방법이 있다. 다만 HTML, CSS 지식이 필요하며 조금만 공부한다면 쉽게 활용해볼 수 있다.

① 개발자 도구의 왼쪽 상단 선택 툴(Select an element in the page to inspect it)을 선택하고 ② 화면에서 코드를 알아보고 싶은 곳을 클릭하면 ③ Elements의 왼쪽에는 HTML 코드, 오른쪽에는 CSS 코드를 확인할 수 있다.

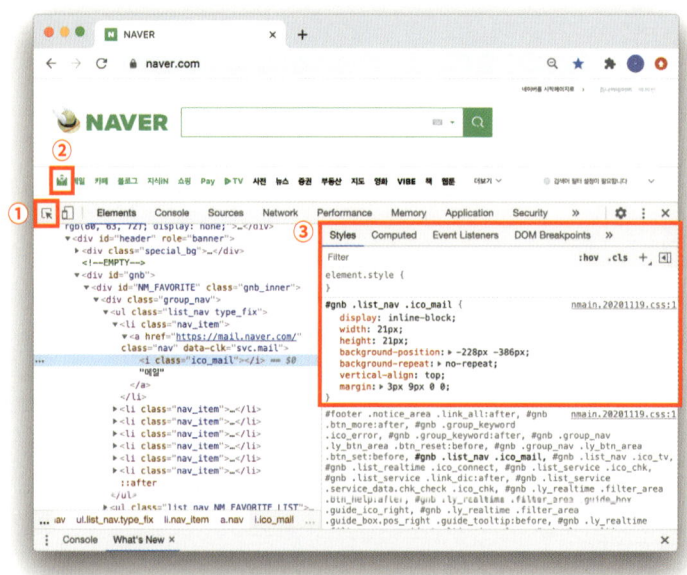

선택 도구로 네이버의 [메일 아이콘 & 메일]을 클릭해보면 폰트의 컬러는 #03C75A, 폰트의 크기는 15PX 등이 적용되어 있다는 것을 확인할 수 있다.

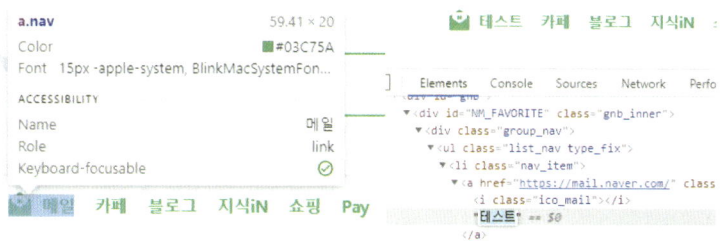

수정을 해보고 싶은 곳의 코드를 더블 클릭하면 코드 추가 및 수정, 텍스트 수정 등을 할 수 있다. 또한 수정한 결과가 바로 화면에 반영되고, 바로 화면에 반영이 되나 새로고침을 하면 원래대로 돌아오기 때문에 자유롭게 테스트를 할 수 있는 공간이다.

개발자 도구로 적용된 폰트 컬러 #03C75A를 #FF9393으로 바꾼 모습

CSS 코드 또한 마찬가지로 수정을 해보고 싶은 곳을 더블 클릭하여 직접 수정을 해볼 수 있다. 개발자를 통해 구축된 웹 페이지를 보다 보면 간혹 브라우저마다 1PX씩 애매한 차이가 생겨 어딘가 어색하게 적용된 부분이 있다. 그럴 때는 Elements 패널을 활용해 HTML과 CSS 코드를 보며 직접 수치를 조정해 보고 개발자에게 수정 요청을 한다면 오차를 줄일 수 있다.

레이아웃

레이아웃의 사전적인 의미는 문자, 그림, 기호, 사진 등 구성 요소를 제한된 공간 안에 효과적으로 배열하는 것을 말하고 있다. 과거 활자 인쇄 기술과 출판 문화의 발전으로 편집 디자인이 시작되었고 이로써 레이아웃이 등장하였다. 이후 기술의 발전으로 웹이 시각적 전달 매체로 자리 잡으며, 웹 페이지 또한 레이아웃이 중요한 요소가 되었다.

1. 웹의 레이아웃 구조

웹 디자인을 처음 할 때 레이아웃 구조를 어떻게 짜야 할지 고민이 될 때가 있을 것이다. 웹의 레이아웃은 크게 헤더^{header}, 네비게이션^{nav}, 콘텐츠^{content}, 푸터^{footer} 등으로 이루어진다.

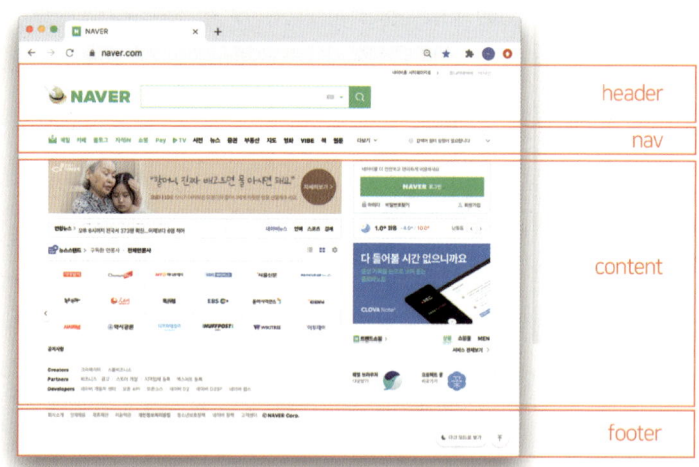

웹의 레이아웃 구조

이러한 레이아웃은 HTML5에서부터 시작되었으며 HTML5에서 태그마다 의미를 부여해놓았다. 이러한 의미를 붙인 태그를 '시맨틱 태그'라 하며, 이러한 태그들로 코드를 짜는 것을 **시맨틱 마크업**이라고 부른다. 시맨틱 마크업으로 작성하면 브라우저가 태그만으로 각 항목의 의미를 인지할 수 있고, 이로써 웹 사이트가 검색 엔진에 노출이 되는 '검색 엔진 최적화'[SEO, Search Engine Optimization] 도 가능하다. 따라서 각 태그가 가지는 의미에 맞게 디자인을 적재적소에 넣는 것이 중요하다.

2. 시맨틱 태그의 종류

시맨틱 태그는 HTML5에서 사용되는 태그로 각 태그마다 의미가 정해져 있다.

> **\<header\>**: 헤더는 웹의 화면 상단에 위치하며 로고, 로그인, 회원가입 메뉴 등을 포함한다.
>
> **\<nav\>**: 내비게이션(Navigation)을 의미하며 웹의 메뉴를 표현한다.
>
> **\<content\>**: 본문의 내용을 의미한다. 본문 내에 그룹화하는 용도로 \<section\> 태그와 \<article\> 태그를 사용하며, 광고, 검색, 사이드바를 사용할 때는 \<aside\> 태그를 사용한다.
>
> **\<footer\>**: 화면 하단에 위치하며 이메일, 저작권, 웹 사이트 정보 등을 표현한다.

이외에도 다양한 시맨틱 태그 요소들이 있지만, 대표적인 시맨틱 태그 요소들만 이해해도 충분하다. 위의 태그를 이해하고 각 항목에 맞게 디자인을 하여 개발자에게 전달해주면 의미를 전달하기 쉽고 원활하게 협업할 수 있다.

모바일 웹

모바일 화면에서 보이는 웹을 '모바일 웹'이라 부른다. 사용하는 스마트폰에 따라 해상도가 다르기 때문에, 모바일 웹까지 고려하는 경우에는 '적응형 웹'과 '반응형 웹'으로 개발하는 방법 중 한 가지를 선택하게 된다.

1. 적응형 웹/반응형 웹

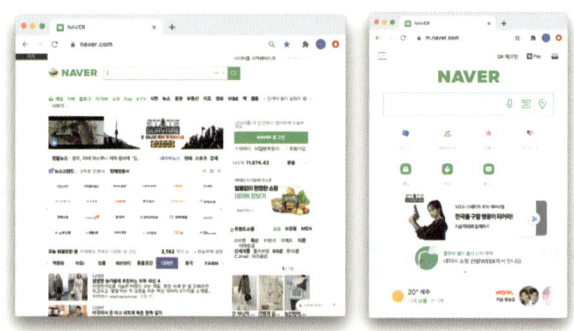

네이버의 적응형 웹- 모바일 기기로 접속 시 m.naver.com 화면을 보여준다

적응형 웹은 사용 중인 기기를 감지하여 그에 최적화된 웹을 보여준다. 사용자가 PC로 접속하면 PC에 최적화된 웹, 모바일로 접속하면 모바일에 최적화된 웹을 보여준다. 따라서 사용자가 접속한 기기에 맞는 리소스만 내려받아 사용 속도가 빠른 장점이 있다. 하지만 PC/태블릿/모바일 등 기기에 따라 별도로 디자인과 개발을 해야 한다는 단점도 있다.

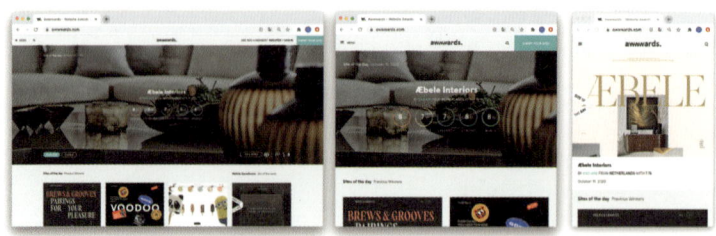

awwards의 반응형 웹- 한 화면으로 웹, 태블릿, 모바일 화면을 보여준다

반면 반응형 웹은 CSS3의 미디어 쿼리 코드를 사용하여 사용자의 디바이스 크기를 확인하고 크기에 맞게 UI가 변경되는 형태이다. 따라서 기기마다 개발을 하지 않아도 되지만, 모든 리소스를 담고 있어서 사용 속도가 느리다는 단점이 있다.

적응형은 웹 버전, 모바일 버전을 각각 디자인하게 되는데, 반응형은 화면 크기에 따라 UI가 바뀌므로 바뀌는 시점마다 콘텐츠를 어떻게 배열할지 개발자에게 전달해주어야 하며 그리드를 활용하면 배열을 쉽게 할 수 있다.

2. 모바일 퍼스트

모바일을 먼저 기획/디자인/개발을 한 뒤 데스크톱을 구축하는 것을 모바일 퍼스트 Mobile First 라고 말한다.

데스크톱의 디바이스 크기는 모바일보다 크기 때문에 한 화면에 많은 정보를 사용자에게 전달할 수 있지만, 데스크톱을 먼저 구축하고 모바일로 만든다면 많은 정보를 모바일에 담아 변경하기에 복잡해질 수 있다.

크기가 작은 모바일부터 먼저 구축한다

그래서 모바일 퍼스트, 즉 모바일을 먼저 기획 및 디자인을 한 후 태블릿, 데스크톱 순으로 제작한다. 반응형 웹을 구축할 때 모바일 퍼스트로 제작을 진행하는 경우가 많다.

그리드

그리드^{Grid}의 사전적 의미는 격자 또는 바둑판 모양의 눈금을 뜻한다. 그리드 또한 레이아웃처럼 편집 디자인에서 시작되어, 현재는 웹 디자인에도 적용된 시스템으로 다양한 디바이스에도 일관성 있는 레이아웃을 보여줄 수 있다. 하지만 꼭 그리드를 지키면서 디자인을 할 필요는 없다. 그리드는 가로 폭이 넓은 형태의 웹 디자인을 하거나 적응형 및 반응형 웹을 제작할 때 용이하기 때문에 상황에 따라 적절하게 사용하는 것이 좋다.

1. 그리드의 요소

그리드는 마진^{Margin}, 칼럼^{Columns}, 거터^{Gutter}의 구조로 이루어진다.

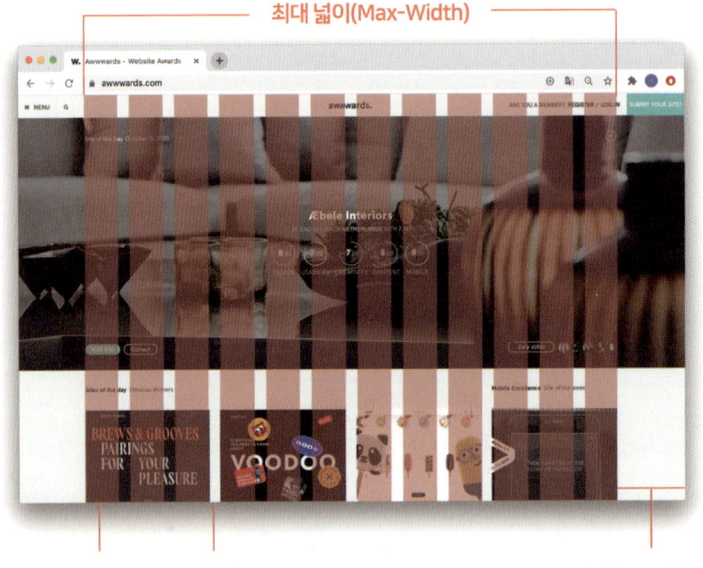

마진은 그리드의 좌우 끝 여백, 칼럼은 글자나 이미지 등 콘텐츠를 포함하는 부분, 거터는 칼럼의 간격을 말한다.

2. 그리드 분할하기

과거에는 작은 해상도의 모니터가 많아 컨테이너를 960PX에 맞추어 12 칼럼 그리드로 작업을 했는데, 현재는 넓은 해상도의 사용자가 많아지며 1280PX까지 다양하게 작업한다. 그러므로 서비스의 기획에 맞게 그리드 칼럼을 분할하여 사용하는 것이 좋다. 참고로 데스크톱 작업을 할 때 12 칼럼 그리드를 많이 사용하는데, 그 이유는 2/3/4등분으로 모두 나눌 수 있어 다양한 해상도에 대응하거나 반응형 웹을 작업할 때 용이하기 때문이다.

그리드를 계산해주는 사이트(http://gridcalculator.dk)를 통해 쉽게 그리드를 분할하는 방법이 있다.

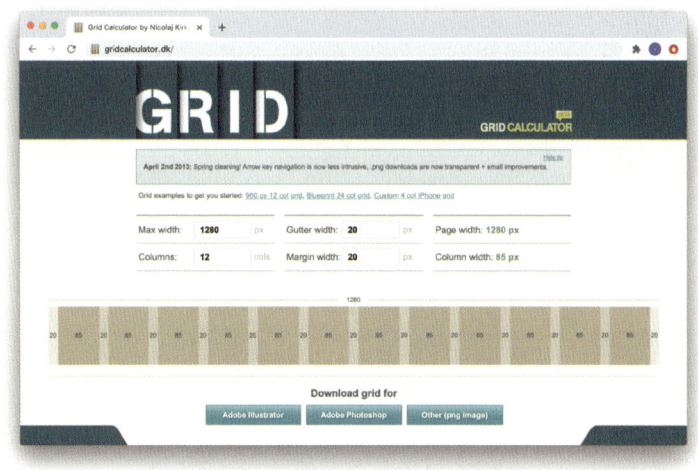

GRID CALCULATOR(http://gridcalculator.dk)

Max width에는 컨테이너 값을 입력하고 Columns에는 분할하고자 하는 칼럼 개수를 입력하고 거터, 마진의 값을 입력하면 된다. 모두 입력을 하면 아래에 칼럼의 고정값이 자동으로 계산이 되며 일러스트, 포토샵, PNG 이미지로 내려받아 사용할 수 있다.

앱 디자인 고려하기

1. 모바일 해상도

프로젝트를 진행할 때 해상도의 기준이 명확하게 정해져 있다면 고민할 필요가 없겠지만, 기준이 명확하지 않다면 웹 디자인과 마찬가지로 앱 디자인 또한 해상도 기준을 정해야 한다.

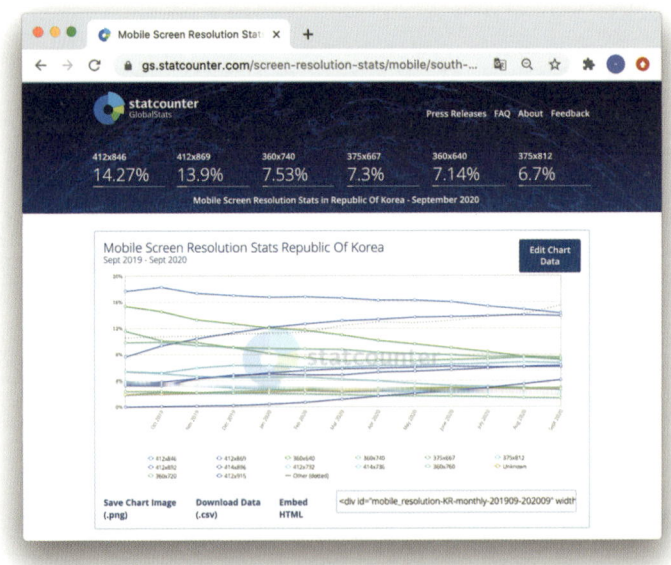

2019-2020 국내 모바일 해상도 점유율

스탯카운터에서 통계한 모바일 기기 해상도 2019-2020년 국내 점유율을 보면 412×846 크기는 14.27%, 412×869 크기는 13.9%, 360×740 크기는 7.53% 등 점유율이 크게 차이가 나진 않는다. 하지만 전 세계 기준으로 차트를 보면 360×640 크기는 15.28%, 다른 해상도는 6%대로 차이가 있다. 모바일도 마찬가지로 서비스의 주 사용자가 국내 사용자인지, 해외 사용자인지, iOS 기기 사용자인지, 안드로이드 기기 사용자인지 고려하여 해상도 기준을 잡아야 한다.

또 디바이스마다 화면 비율과 해상도가 다른데 아래 사이트를 통해 디바이스의 정보를 확인해볼 수 있으니 참고하면 좋다.

- **SCREEN SIZ.ES**(https://screensiz.es)

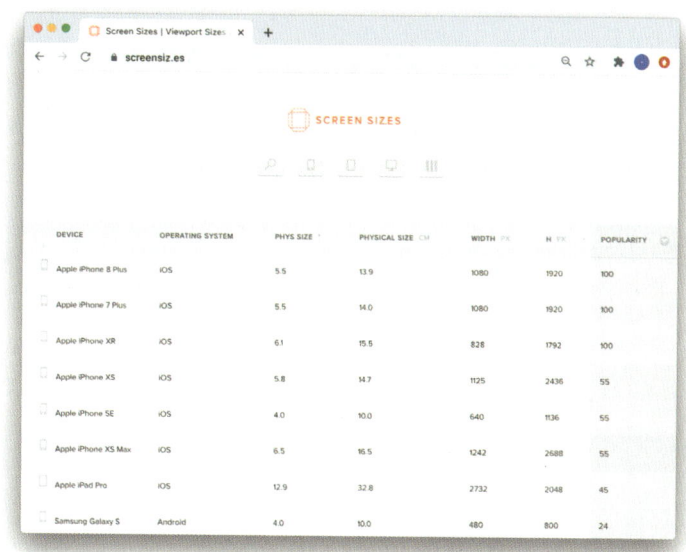

SCREEN SIZ.ES에서 디바이스별 크기 확인

2. 안드로이드의 DP / iOS의 PT 단위

디자인할 때 웹에서는 PX 단위를 쓰지만, 안드로이드에서는 DP를 기본 단위로, iOS에서는 PT를 기본 단위로 사용한다. 따라서 개발자에게 디자인 규격을 전달할 때 안드로이드 개발자에게는 DP 단위, iOS 개발자에게는 PT 단위로 전달을 해주어야 한다.

DP를 이해하기 위해서는 DPI를 먼저 이해해야 한다. DPI[Dots per inch]는 1인치에 몇 픽셀이 들어가는지를 뜻하며 안드로이드는 160 DPI(= MDPI)를 기본으로 한다.

MDPI 기준으로 1PX = 1DP이기 때문에 계산이 쉽지만, 디바이스의 해상도가 점점 더 좋아짐에 따라 240 DPI(HDPI), 320 DPI(XHDPI), 480 DPI(XXDPI), 640 DPI(XXXDPI)까지 나오게 되었다.

아래는 해상도에 따른 DP 계산과 DPI별 대표 디바이스 기기를 정리한 표이다.

MDPI	160 DPI	1DP = 1PX	갤럭시 에이스
HDPI	240 DPI	1DP = 1.5PX	갤럭시 S2
XHDPI	320 DPI	1DP = 2PX	갤럭시 S3
XXHDPI	480 DPI	1DP = 3PX	갤럭시 S5
XXXDPI	640 DPI	1DP = 4PX	갤럭시 S9

과거 디바이스 해상도가 작을 때는 1DP = 1PX이므로 픽셀로 작업해도 무관했다. 하지만 해상도가 좋아지면서는 DP로 계산을 해서 배율 디자인 작업을 해야 다양한 디바이스에 대응할 수 있게 되었다. iOS의 경우 DP가 아닌 PT 단위를 사용하며 PT 또한 마찬가지로 2x, 3x 배율로 작업을 해줘야 한다.

포토샵으로 작업을 한다면 DP와 PT 계산으로 인해 많은 시간이 소요될 수 있다. 반면에 앱 UI 디자인 전용 프로그램인 스케치, Adobe XD 등은 기본적으로 기기별 해상도를 제공하기 때문에 작업하기 더욱 더 편해진다. 따라서 전용 프로그램을 사용할 것을 추천하며 제플린과 같은 GUI 가이드 프로그램을 개발자와 함께 쓰면 좋다. 하지만 가이드 프로그램을 통해 협업하더라도 폰트는 기본적인 스페이스 영역이 있어 폰트에 따라 간격이 틀어질 수도 있다. 그러므로 DP와 PT 단위, 배율의 개념을 이해해두는 것이 좋다.

3. 안드로이드와 iOS의 디자인 가이드

모바일은 크게 안드로이드와 iOS로 나뉜다. 안드로이드와 iOS 플랫폼 두 가지를 모두 사용해봤다면 UX/UI가 조금씩 다르다는 것을 쉽게 느낄 수 있을 것이다. 만약 두 플랫폼을 모두 구축해야 하는 상황이라면, 앱을 기획하고 디자인을 할 때 각각 UX/UI를 고려하여 사용자 간의 경험이 최대한 다르지 않도록 설계하고 디자인을 해야 한다.

모바일 개발 또한 안드로이드 개발, iOS 개발로 나누어진다. 그러므로 플랫폼별 가이드를 참고하여 디자인한 후 담당 개발자에게 전달해주자. 두 가지 플랫폼의 가이드 모두 내용이 꽤 많아서 가이드의 모든 내용을 숙지하는 것은 어려운 일이다. 하지만 모바일 개발에 가장 중요한 부분이기도 하니 조금씩 숙지해두는 것이 좋다.

각 가이드를 살펴보면 대표적인 예로 안드로이드의 내비게이션 바와 iOS의 탐색 표시줄을 비교해볼 수 있다. 안드로이드는 기본적으로 뒤로 가기 버튼을 하단에 내비게이션 바로 제공하는 반면, iOS에서는 뒤로 가기는 상단 왼쪽의 탐색 표시줄에서 제공한다. 이러한 기본 특성을 이해하지 못한 채로 디자인을 하고 개발자에게 전달한다면 협업이 혼란스러워질 수 있다.

안드로이드 내비게이션 바

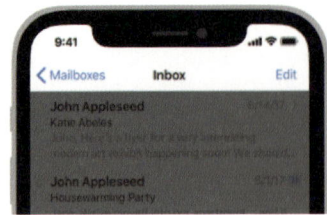

iOS 내비게이션 바

두 가지 플랫폼 모두 디자인 가이드를 제공하고 있는데 안드로이드는 구글의 머티리얼 디자인 가이드, iOS는 휴먼 인터페이스 가이드가 있다.

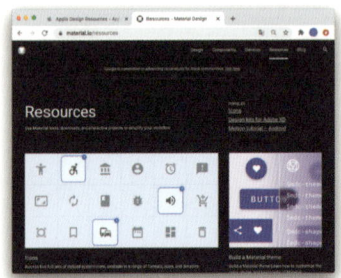
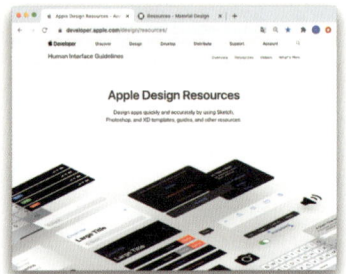

안드로이드와 iOS의 디자인 가이드 리소스 키트

타이포그래피, 그리드, 색상, 그림자, 앱 아이콘, 규칙 등에 대한 내용을 안내하고 있으며 두 가이드 모두 기본적인 디자인이 담긴 리소스도 함께 제공하고 있다.

- **안드로이드 머티리얼 가이드**(https://material.io/design)
- **안드로이드 머티리얼 디자인 리소스**(https://material.io/resources)
- **iOS 휴먼 인터페이스**(https://developer.apple.com/design/human-interface-guidelines)
- **휴먼 인터페이스 디자인 리소스**(https://developer.apple.com/design/resources)

이렇게 플랫폼별 가이드를 활용하여 기본 구성 요소들을 먼저 설계한 뒤 디테일하게 디자인을 하는 것이 좋다. 디자이너가 먼저 플랫폼의 특성을 먼저 이해하고 디자인을 하는 것 또한 좋은 협업의 자세가 될 수 있다.

놓치기 쉬운 항목 체크하기

1. 빈 페이지, 에러 페이지 디자인하기

빈 페이지와 에러 페이지는 기획자나 디자이너가 놓치기 쉬운 부분이다. 보통 사용자가 보는 주 화면인 메인 페이지, 서브 페이지 등을 기획하고 디자인하는 데 초점이 맞춰져 있어 정작 개발을 하고 나면 데이터가 비어 있는 곳이 생길 수 있다.

예를 들면 쇼핑몰의 장바구니가 비어 있을 때 빈 화면, 익스플로러 10부터 지원하는 서비스여서 익스플로러 8 사용자가 접속 시 버전 업그레이드를 요청하는 화면, 예상하지 못한 에러 발생 시 나타나는 화면 등이 있다. 이처럼 서비스에 따라 구성해야 할 다양한 빈 페이지나 에러 페이지들이 있을 수 있다.

요청 페이지와 에러 페이지 예시
- (좌)네이버 모두modoo! 요청 페이지, (우)구글 404 에러 페이지

보통 개발자가 텍스트로 가볍게 작성하여 띄우고 끝내는 경우가 많지만, 기획자나 디자이너가 이러한 빈 페이지와 에러 페이지에서도 사용자가 서비스를 원활하게 사용할 수 있도록 좋은 디자인을 미리 준비해준다면 더욱 완성도 있는 프로젝트를 만들 수 있다.

2. 오픈 그래프(og, open graph)

웹 사이트의 URL을 복사하여 카카오톡, 페이스북, 블로그 등으로 공유하면 썸네일 이미지, 타이틀, 간단한 페이지 설명 등이 나오는 것을 볼 수 있다. 이 부분을 오픈 그래프라고 하며, 이때 필요한 문구나 이미지 등은 기획자나 디자이너가 정리하여 개발자에게 전달해주는 것이 좋다.

네이버 오픈 그래프

1) 오픈 그래프 예시(네이버)

HTML 문서 상단의 〈head〉 태그 안에는 〈meta〉라는 태그를 활용할 수 있다. 〈meta〉 태그에는 웹을 설명하는 데이터를 넣는데, 오픈 그래프 태그가 바로 이 태그에 들어간다. 아래는 오픈 그래프의 속성에 관한 정보이다.

```
<meta name="description" content="네이버 메인에서 다양한 정보와 유용한 컨텐츠를 만나 보세요">
<meta property="og:title" content="네이버">
<meta property="og:url" content="https://www.naver.com/">
<meta property="og:image" content="https://s.pstatic.net/static/www/mobile/edit/2016/0705/mobile_212852414260.png">
<meta property="og:description" content="네이버 메인에서 다양한 정보와 유용한 컨텐츠를 만나 보세요">
```

· **오픈 그래프 이미지**: <meta property="og:image" content="이미지 파일 url">

· **오픈 그래프 타이틀**: <meta property="og:title" content="타이틀(ex. 네이버)">

· **오픈 그래프 설명**: <meta property="og:description" content="설명(ex. 네이버 메인에서 다양한 정보와 유용한 콘텐츠를 만나보세요)">

2) 오픈 그래프 이미지 크기

오픈 그래프의 이미지는 공유하는 플랫폼에 따라 썸네일 크기가 각각 다르게 표현된다.

페이스북 & 카카오톡에 url 공유 시 나타나는 오픈 그래프 이미지

대표적으로 카카오톡, 페이스북, 블로그 등 다양한 플랫폼의 썸네일에서도 잘 보일 수 있도록 제작해야 한다. 800×800 픽셀의 PNG 이미지에, 저장 용량은 15KB 내외로 제작하는 것이 적당하다. 오픈 그래프는 기획자나 디자이너가 쉽게 놓칠 수 있는 부분이기 때문에 미리 체크하고 이미지/타이틀/내용 등을 준비하고 개발자에게 전달해주는 것이 좋다.

3. 파비콘(favicon)

웹을 만들 때 개발자가 디자이너에게 파비콘 파일을 요청하는 경우가 있다. 파비콘은 'favorites icon'을 줄인 말로, 웹 페이지에서 상단 탭과 즐겨찾기를 추가했을 때 보이는 아이콘을 말한다.

웹 사이트에서 파비콘이 비치는 크기는 매우 작지만 작은 로고를 파비콘에 넣어서 한 번 더 브랜드 인지도를 각인시킬 수 있다. 그러므로 파비콘 역시 놓쳐선 안 될 중요한 요소이다.

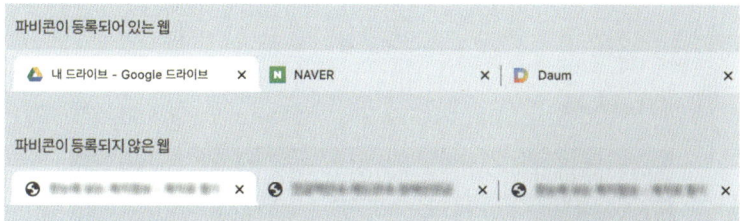

파비콘이 등록되어 있는 것과 없는 것의 차이

1) 파비콘의 크기

기본적으로 웹에 적용되는 파비콘의 크기는 16×16 픽셀로 제작하며 배경은 투명으로 설정하여 PNG로 저장한다. 이외에도 iOS, 안드로이드, 아이패드 등 더 많은 기기에 파비콘을 최적화를 해야 한다면, 기기의 규격을 확인한 후 다양한 크기로 만들어 준비해야 한다.

2) 파비콘의 확장자 변환

파비콘의 기본 확장자는 ICO 파일이다. 포토샵으로 PNG 파일로 제작한 뒤 ICO 변환 사이트를 통해 ICO 파일로 변환할 수 있다. PNG 확장자로도 파비콘을 사용할 수도 있지만, 익스플로러는 PNG 파비콘을 지원하지 않기 때문에 ICO 파일로 사용해주는 것이 좋다.

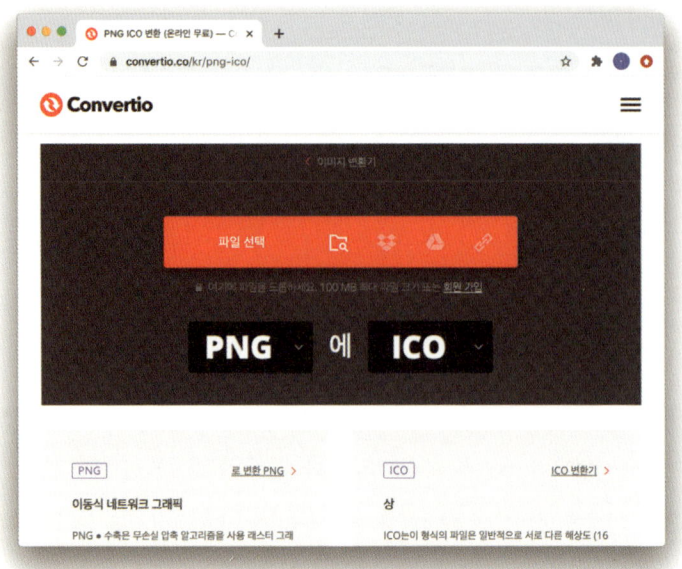

파비콘 ICO 무료 변환 사이트(https://convertio.co/kr/)

4. 파일명 네이밍 규칙

디자인을 마친 후 개발자에게 디자인 파일을 넘겨줄 때 이미지, 아이콘 등 파일의 네이밍을 작성하여 전달하게 된다. 이때 디자이너의 마음대로 네이밍을 지정하기보다는 개발자와 함께 네이밍 규칙을 정하여 파일을 전달하는 것이 좋다.

네이밍 규칙에 따라 지은 파일명 예시

명확하게 정해진 규칙은 없지만, 파일명은 한글 네이밍은 쓰지 않고 모두 영어로 표기한다. 그리고 인지하기 쉬운 단어들의 구성으로 네이밍을 작성하는 경우가 많다. 다음의 예시를 참고해보자.

> **네이밍 규칙 예시**
>
> - **배경 이미지**: background > bg (예시 : bg_gray.jpg)
>
> - **아이콘**: icon > ic / icn / ico (예시 : ic_phone.png)
>
> - **버튼**: button > btn (예시 : btn_login.png)
>
> - **이미지**: image > img (예시 : img_thumb.jpg)

네이밍의 규칙은 회사마다 혹은 개발자들 사이마다 정해놓은 규칙이 있다. 이때 디자이너가 임의로 작성하여 전달한다면 개발자는 다시 네이밍을 수정해야 하는 번거로움이 생길 수 있으니 꼭 함께 프로젝트를 시작하기 전에 네이밍 규칙을 물어보도록 하자. 만약 사내에 규칙이 없다면 위의 예시처럼 명확하게 작성을 해주거나, 개발자와 의논하여 규칙을 만드는 것이 좋다.

- PART 04 -

개발자의 일

– 1 –
개발자 이해하기

　IT 회사를 다녀보면 개발자의 인원수가 적지 않다는 것을 느끼게 된다. 서비스를 원활하게 운영하고 유지보수를 하려면 개발자의 역할이 가장 크기 때문이다. 개발자는 많지만 모두가 같은 개발을 하지 않는다. 또한 각자의 개발 분야와 역할이 있고 사용하는 언어와 기술도 모두 다르다. 개발자들의 대화를 듣다 보면 이해하기 어려운 부분들이 많을 것이다. 하지만 어떤 개발을 담당하는지, 무슨 개발 언어를 사용하는지, 자주 사용하는 용어는 무엇인지 가볍게 알아두기만 해도 대화를 이해하기 수월하다. 지금부터 다양한 개발자의 업무를 함께 살펴보자.

웹 개발자

　웹 개발자는 크게 프론트엔드 개발자, 백엔드 개발자로 나누어볼 수 있다. 프론트엔드 개발자는 사용자에게 보이는 영역인 클라이언트 화면을 개발하며 디자이너가 만든 시안을 토대로 퍼블리싱을 하거나, 다양한 기능을 제공하는 웹 애플리케이션 개발을 하기도 한다. 백엔드 개발자는 사용자에게 보이지 않는 서버를 구축하고 데이터베이스, 데이터 관리, API 등의 개발을 하며 다양한 서버 기반 언어로 클라이언트에서 요청하는 데이터를 전달하는 작업을 한다.

1. 프론트엔드 개발자

1) 퍼블리싱

퍼블리싱은 웹 디자이너가 만든 디자인을 웹 페이지에 입히는 작업을 말한다. 웹 페이지를 만들 때는 HTML과 CSS를 활용한다. HTML은 다양한 태그들을 활용하여 웹 문서 구조를 만들 수 있다. HTML5까지 버전이 확장되었으며 웹 표준 문서 규격이기도 하여, 현재 가장 보편화된 마크업 언어 markup language 이다. CSS는 HTML로 작성된 문서를 레이아웃, 배치, 컬러, 폰트 등을 적용하여 시각적으로 아름답게 꾸며주는 역할을 한다.

HTML과 마찬가지로 CSS3까지 확장되어 그라데이션, 그림자 등의 표현력이 다양해졌다. 이때 많은 양의 CSS를 작성하다 보면 중복되는 코드도 생기고 복잡해지므로 유지보수가 어려워진다. 그래서 CSS 전처리기인 Sass/Less 등을 사용하기도 한다. Sass/Less는 자바스크립트와 같이 속성값을 변수로 선언할 수 있어 반복된 코드 재사용, 전체 스타일 가이드 일괄 변경 등 CSS에서 부족한 편리한 기능을 제공해주는 역할을 한다.

퍼블리싱은 반응형, 적응형, 웹 표준, 웹 접근성, 시맨틱 마크업, 크로스 브라우징 등 다양한 기술을 적용하기도 하며, 화면 구현의 비중이 높기 때문에 디자이너와 협업이 가장 밀접하다. 협업을 위해 가볍게 개발을 공부하고 싶다면, HTML과 CSS를 직접 경험해보는 것도 나쁘지 않다. 퍼블리싱 담당 개발자는 회사마다 조금씩 다른데 프론트엔드 개발자가 직접 하거나 퍼블리싱 개발자(퍼블리셔)가 전담해서 하는 경우도 있다.

2) 프론트엔드 개발

프론트엔드^{Front-end} 개발의 대표적인 개발 언어는 자바스크립트가 있다. 객체 기반 스크립트 언어로 웹 사이트에서 문서 객체 모델[DOM 1]과 브라우저 객체 모델[BOM 2] 두 가지 모델을 제공하여 HTML의 문서와 브라우저 기능을 제어할 수 있다. HTML과 CSS로 만든 웹 페이지는 정적인 느낌이라면, 자바스크립트 언어로는 동적인 느낌의 웹 페이지를 만들 수 있다.

과거 웹 사이트는 플래시로 동적인 콘텐츠인 애니메이션, 멀티미디어 등을 제작하는 역할을 했다. 그러나 보안의 취약점과 애플의 플래시 퇴출 정책으로 인하여 플래시는 사용하지 않는 환경으로 바뀌었고, 자바스크립트 언어가 플래시를 대체할 수 있는 언어가 되었다. 현재 자바스크립트는 가볍고 실행 속도가 빠르며 러닝 커브[Learning curve]가 낮다. 이러한 이유로 서버와 소스관리 도구 등 웹 브라우저뿐만 아니라 다양한 용도로 활용되고 빠르게 확장하고 있다. 이름이 비슷한 언어로 자바[Java]가 있으나 전혀 다른 개발 언어이므로 헷갈리지 않도록 하자.

또 퍼블리싱은 웹 사이트의 페이지 단위로 화면 제작을 하는 것이라면, 프론트엔드 개발은 다양한 기능을 제공하는 웹 애플리케이션 개발에 집중되어 있다. 대표적으로 페이스북 웹 사이트, 구글의 지메일[Gmail]이 있다. 이 사이트들은 일반적인 웹 사이트가 아닌 한 페이지에서 구동되는 싱글 페이지 애플리케이션[SPA]이다. UI 컴포넌트의 집합체로 채팅, 프로필 관리, 카드 타입 UI, 댓글 기능 등 한 페이지에 다양한 기능을 제공한다.

---

1 DOM: HTML 문서의 태그를 객체화하여 스크립트로 제어
2 BOM: 뒤로 가기, 북마크, 즐겨찾기, 히스토리, 주소, 스크롤 등 브라우저의 기능을 스크립트로 제어

 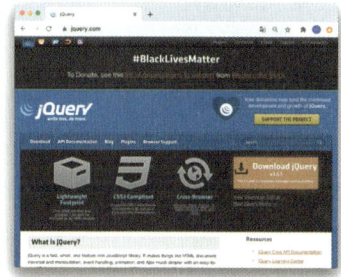

부트스트랩과 제이쿼리

프론트엔드 개발 언어를 조금 더 쉽게 사용할 수 있도록 만들어놓은 프레임워크와 라이브러리를 활용하는 경우가 많다. 대표적으로 HTML&CSS&자바스크립트를 묶어 놓은 프레임워크로는 부트스트랩Bootstrap이 있다. 트위터에서 만들어졌고 반응형 웹을 쉽게 만들 수 있어 인기 있는 프레임워크 중 하나이다. 자바스크립트 라이브러리로는 제이쿼리jQuery가 있으며 자바스크립트를 쉽고 빠르게 적용할 수 있기 때문에 인기가 있던 라이브러리이다.

하지만 요즘은 페이지 단위가 아닌 UI 컴포넌트 단위로, 스크립트를 개발하는 웹 애플리케이션이 많이 제작되고 있어 UI 컴포넌트 단위의 라이브러리를 사용한다. 대표적으로 React.js, Vue.js, Angular.js 등이 있으며 이외에도 많은 프레임워크들이 지속해서 나오고 있다. 프론트엔드 개발자는 사용자가 보는 화면과 상호 작용할 수 있는 기능들을 구현하는 역할을 한다. 그렇기 때문에 이들이 어떤 언어와 라이브러리로 개발 환경을 구성하는지 파악하고 기획에서 문제가 없는지, 어느 브라우저 단계까지 맞추어야 하는지, 디자인 리소스는 어떻게 전달해주면 좋은지 등을 꼭 함께 확인하는 것만으로도 좋은 협업이 될 수 있다.

2. 백엔드 개발자

백엔드^{Back-end} 개발자는 Java, PHP, Python, Node.js, C++, C#, Ruby 등 다양한 서버 기반의 프로그래밍 언어로 클라이언트에서 요청하는 데이터를 처리하는 작업을 한다. 웹 서버는 프레임워크를 기반으로 개발하여 클라이언트에 API 또는 View를 제공하며 MySQL, MongoDB, Oracle 등 데이터베이스 제품을 웹 서버 프레임워크와 연결해 사용한다.

백엔드 개발 또한 프레임워크가 다양하다. Java 기반은 Spring, PHP 기반은 Laravel, Node.js 기반은 Express.js, Python 기반은 Django, Ruby 기반은 Ruby on Rails 등 언어에 따라 웹 서버를 구축할 수 있는 프레임워크가 존재한다. 이렇게 웹 서버 프레임워크가 발달한 이유는 개발해야 하는 기능이 상당히 많기 때문이다.

백엔드 개발자의 업무는 대표적으로 데이터베이스와 연동하여 쓰기, 읽기, 수정, 삭제 등 데이터를 가공하는 비즈니스 로직 개발을 한다. 또한 웹/앱 클라이언트에 API 제공, 외부 시스템(ERP, 카카오 알림 톡, 문자, 이메일 발신, PG 결제 등)과 연동 및 관리, 개인정보 보안 암호화, 네트워크 보안 처리(CSRF, XSS 등), 이미지와 같은 자원을 스토리지 서버에 저장 및 불러오기, 서버 간의 Gateway 통신, 빅데이터 연산과 딥러닝, 데이터 로그 분석 등을 한다. 이는 순수 언어로만 개발하기 어려울 뿐만 아니라 개발 시간도 오래 걸린다.

그렇기 때문에 코드를 재사용하기 좋은 프레임워크를 활용하고 각 언어의 특성에 맞게 선택하여 사용한다. Java/Spring 객체 지향은 모듈화하기 좋은 성향 덕분에 넷플릭스 같은 클라우드 서비스에서 사용되고, Python/Django와 같이 연산이 빠른 프레임워크는 빅데이터 연산과 분석이 필요한 서비스에 많이 사용된다.

백엔드 개발자는 이러한 복잡한 업무 특성 때문에, 한 가지 언어와 프레임워크를 고수하는 경우가 많다. 백엔드 개발자와 원활한 소통과 협업을 하려면, 이들이 사용하는 언어와 프레임워크가 어떤 것인지 이해하고 서비스의 방향성과 맞는 언어와 프레임워크는 어느 것인지 확인하는 과정이 중요하다.

3. 풀스택 개발자

웹 개발에서 프론트엔드 개발과 백엔드 개발이 가능한 개발자를 풀스택Full-stack 개발자라 부른다. 각각 개발하는 것도 어렵지만 간혹 두 가지 모두 가능한 풀스택 개발자가 있다. 프론트엔드와 백엔드 언어가 동일한 경우 여러 가지의 프레임워크를 활용하여 효율적으로 서비스를 구축할 수 있는데, 대표적으로 MEAN Stack(민 스택)이 있다. MEAN Stack은 MongoDB, Express.js, Angular.js, Node.js로 구성된 웹 프레임워크를 말하며 각각의 기술의 철자 앞 글자를 따와 지어진 것이다.

MongoDB는 데이터베이스, Express.js는 웹 서버 개발, Angular.js는 프론트엔드, Node.js는 서버 구축에 사용된다. 모두 자바스크립트 기반으로, 비슷한 특성으로 구성되어 있다. 자바스크립트 언어만 익히고 있어도 4가지 프레임워크를 어렵지 않게 배울 수 있어, 혼자 개발하는 풀스택 개발자들에게 용이하게 사용되고 있다.

다만 풀스택 개발자 홀로 프론트엔드 개발과 백엔드 개발을 완벽하고 디테일하게 하기에는 기술의 한계, 시간적인 문제 등이 있다. 풀스택 개발자와 협업할 때는 개발자의 기술 스택은 어떤 구성인지, 기획에 맞는 스택인지 파악하고, 여유 있는 일정으로 함께 협업하는 것이 중요하다.

모바일 개발자

모바일은 크게 모바일 웹과 네이티브 앱으로 나누어진다. 모바일 웹은 PC 웹과 개발하는 방식과 거의 동일하기 때문에 웹 프론트엔드 개발자가 작업한다. 반면에 모바일 앱 개발자는 모바일 플랫폼에 따라 안드로이드 개발자와 iOS 개발자로 나누어진다. 다음 절에서 모바일 개발자가 하는 일에 대해 알아보자.

1. iOS 개발자

애플에서는 iOS, macOS, watchOS, tvOS라는 4가지 운영체제를 제공한다. 이 중 iOS 운영체제인 아이폰, 아이패드에서 실행되는 애플리케이션 개발자를 iOS 개발자라 부른다. iOS의 애플리케이션은 Swift 혹은 Objective-C 언어로 개발을 한다. Objective-C는 iOS 개발의 기본 언어로, 앱의 안전성을 보장할 순 있지만 최근 기술 문서나 관련 자료가 많이 없다. 반면에 Swift는 최근에 각광을 받는 언어이다.

Swift는 2014년에 아이폰, 애플 TV, 애플워치의 제품용 앱을 개발하기 위하여 애플에서 직접 개발한 언어이며 오픈 소스Open Source로 공개되었다. 많은 부분에서 Objective-C보다 빠르고 우수하여 많이 사용되고 있는 추세이다. iOS 애플리케이션은 Mac 환경에서만 개발할 수 있고, 배포 또한 XCode라는 Mac 전용 개발 도구에서 가능하다. 이 때문에 iOS 개발자는 모두 Mac을 사용한다.

개발 도구인 XCode는 스토리보드라는 UI 편집도구를 제공한다. 보이는 대로 UI를 편집할 수 있으며, View와 View 간에 이벤트를 코딩 없이 개발할 수 있다. 최근에는 Swift UI라는 직관적인 UI 개발 방식을 새롭게 제공하는 등 매년 개발 도구는 고도화되고 있다. 이렇게 iOS 개발자가 구현한 애플리케이션은 사용자에게 정식 배포하기 전에 내부 테스트를 거친다. 이 테스트를 통해 앱의 완결성과 원활한 실행 여부를 확인한다. 특히 iOS는 배포가 까다로워 테스트플라이트 앱으로 테스트를 한다.

테스트플라이트^{TestFlight}는 애플에서 공식으로 제작한 앱으로, 내부 테스트로 활용할 수 있고 실제 사용자 대상으로 외부 테스트$^{CBT, Closed Beta Test}$로도 활용할 수 있다. 테스트플라이트를 활용하여 기획한 대로 앱이 개발되었는지, 디자인은 잘 반영되었는지, 기획자와 디자이너 그리고 팀원 모두가 함께 QA를 진행하고 테스트를 꼼꼼하게 진행한다. 그 후 스토어에 앱을 배포하고 협업하는 과정이 필요하다.

2. 안드로이드 개발자

안드로이드 개발자는 Java 혹은 Kotlin 언어로 개발을 한다. Java는 모바일 개발이 활성화되기 전 만들어진 프로그래밍 언어이며 안드로이드 OS도 Java로 개발되었다. 하지만 모바일에 최적화되어 있지 않고 모바일에 맞춘 새로운 언어가 필요하여 안드로이드 스튜디오를 만든 JetBrain에서 Kotlin 언어를 새롭게 개발하여 안드로이드 개발을 할 수 있도록 출시하였다.

아직까지는 Java를 사용하는 안드로이드 개발자가 더 많고 개발 커뮤니티도 더 활성화되어 있다. 반면에 Kotlin은 Java보다 문법이 깔끔하고 코드의 양이 간결해져 유지보수가 편리하며 Java 개발자들의 머리를 아프게 하는 널포인트 에러$^{Null Point Exception}$를 해결했다는 장점이 있다. 또한 구글이 안드로이드 공식 언어로 Kotlin을 추가하였다. 최근에는 Kotlin을 사용하는 개발자가 점점 늘어가고 있다.

안드로이드 애플리케이션은 안드로이드 스튜디오$^{Android Studio}$라는 프로그램으로 개발한다. 안드로이드 스튜디오는 Java와 Kotlin 언어에 맞는 다양한 프로그래밍 편집 기능과 플러그인을 가지고 있으며, iOS의 XCode와 비슷하게 미리보기가 가능한 UI 레이아웃 편집 도구를 제공한다. 코드 편집, 디버깅, 테스트 및 프로파일링 도구를 비롯하여 다양한 기능을 제공하고 있어 안드로이드 개발자가 편리하게 개발할 수 있다.

안드로이드 개발자가 구현한 애플리케이션은 iOS와 다르게 배포가 까다롭지 않다. 안드로이드 애플리케이션 설치 파일인 APK 파일을 다운로드하고 스마트폰에 바로 설치하여 테스트해볼 수 있다. iOS 앱과 마찬가지로 사용자에게 배포를 하기 전에 기획자, 디자이너가 함께 테스트를 진행하고 최종 배포하는 과정이 중요하다.

3. iOS + 안드로이드 개발을 합친 하이브리드 앱 개발자

모바일 앱 서비스를 운영하려면 안드로이드, iOS 애플리케이션 둘 중 하나만이 아니라 모두 개발해야 한다. 안드로이드와 iOS를 동시에 개발하기에는 어려움이 많았지만, 최근에는 하나의 개발로 각각의 앱 스토어에 배포할 수 있는 하이브리드 앱 개발 방식이 생겼다. 바로 웹뷰 패키징 방식과 네이티브 빌더 방식이다.

1) 웹뷰 패키징 방식

모바일 웹을 개발하고 안드로이드와 iOS의 웹뷰 UI에 연결하는 방식이다. 네이티브 앱을 개발하는 공수가 상당히 적고, 안드로이드와 iOS는 같은 웹 브라우저 엔진[Webkit]을 제공하기 때문에 오류를 최소화할 수 있다. 또한 일반 모바일 웹 브라우저에서도 동일하게 보인다. 단점은 웹의 특성에 있는데, UI 정보를 웹 서버에서 디자인 소스를 요청하여 보여주기 때문에 네이티브보다 느리다. UI의 모션도 네이티브보다 자연스럽지 않을 수 있다. 또한 블루투스, 와이파이, 카메라, NFC, GPS, 로컬 스토리지 등 디바이스의 기능을 사용하기가 매우 힘들다는 단점도 있다.

2) 네이티브 빌더 방식

한 가지 언어로 개발할 수 있는 네이티브 빌더 프레임워크를 이용하여 안드로이드와 iOS 각 환경에 맞게 네이티브 빌더로 앱을 제작하는 방식이다. 대표적으로 페이스북이 개발한 오픈 소스 모바일 애플리케이션 프레임워크인 React Native와 자바스크립트 프레임워크인 Vue.js를 활용한 Vue Native가 있다. 빌드 및 배포를 하면 네이티브와 동일한 기능을 제공한다. 다만 네이티브 빌더는 아직 다른 프레임워크보다 커뮤니티가 활성화되지 않았다. 개발하다 어려움이 생겼을 때 참고할 자료가 많이 없어 해결하기 힘든 편이다.

소통에 필요한 개발 용어

서버와 호스팅

웹 페이지가 브라우저에 나타나려면 서버가 필요하다. 서버는 인터넷과 연결된 컴퓨터를 말하며 호스팅은 서버를 임대해주는 서비스를 말한다. 서버를 직접 관리하려면 24시간 내내 끊기지 않도록 유지를 해야 하고 안정적인 인터넷망과 보안 시스템을 갖추어야 한다. 대체로 큰 규모의 회사는 직접 서버를 관리하지만, 소규모 회사나 개인이 운영하는 경우에는 유지 비용이 많이 드니 전문 웹 호스팅 회사에서 운영하는 서버를 사용하기도 한다.

트래픽

웹 사이트에 사용자가 방문하면 서버에서 이미지, 동영상, 페이지 등 다양한 데이터를 불러오는데, 이때 사용되는 서버 데이터 전송량을 트래픽^{Traffic}이라고 말한다. 웹 호스팅을 사용하여 서버를 운영할 경우 서버가 수용할 수 있는 트래픽 용량이 있는데, 접속자 수에 비해 트래픽 용량이 적다면 서버가 다운되는 일이 발생할 수 있다. 그러므로 트래픽 용량 관리를 지속적으로 해주어야 한다.

프로토콜

컴퓨터, 서버, 네트워크 장비가 통신할 수 있도록 공용화된 언어를 프로토콜^{Protocol}이라 한다. 대표적인 프로토콜로는 HTTP, HTTPS, FTP, TCP/IP, POP 등이 있다.

HTTP/HTTPS

HTTP는 하이퍼텍스트 전송 프로토콜$^{HyperText\ Transfer\ Protocol}$의 약자로 서버에서 데이터를 전송해주는 가장 기본적인 프로토콜 중에 하나이다. 하지만 HTTP는 전송되는 데이터가 암호화되지 않아 내용이 노출될 수 있다. 이러한 보안 문제를 보완해주는 프로토콜이 HTTPS$^{\text{HyperText Transfer Protocol Secure}}$, 하이퍼텍스트 전송 프로토콜 보안이다.

SSL

SSL은 보안 소켓 레이어$^{\text{Secure Socket Layer}}$의 약자로 Netscape사에서 서버와 브라우저 사이의 데이터 보안을 위해 만들어졌다. 웹 사이트에 회원가입, 결제, 게시판 사용, 주문, 상담 등 개인 정보를 취급하는 모든 사이트는 SSL 인증을 필수로 해야 한다. 이를 지키지 않을 시 법적으로 문제가 된다. SSL을 구축하게 되면 HTTPS 프로토콜을 구성할 수 있다.

FTP

FTP$^{\text{File Transfer Protocol}}$란 서버에 파일을 전송하기 위한 프로토콜을 말한다. 서버를 구축하거나 호스팅 업체를 통해 대여한 서버에 웹 페이지 구축에 필요한 이미지, 코드 파일 등을 업로드할 수 있다.

DNS

DNS는 도메인 네임 서버$^{\text{Domain Name Server}}$로, 네트워크에 연결된 컴퓨터나 스마트폰 등의 장치들은 서로 구분할 수 있는 IP 주소를 가진다. 웹 페이지에 접속하기 위해서도 IP 주소가 필요하지만 복잡한 숫자로 구성된 IP 주소를 사람들이 기억하기는 어렵다. 그래서 DNS를 이용해 IP 주소를 문자로 변환하여 사람들이 쉽게 접속할 수 있도록 만든다. 네이버를 예시로 들어보면, 주소창에 IP '125.209.222.141'을 입력하면 도메인 주소인 'www.naver.com'으로 연결이 되어 나타난다.

클라이언트와 서버

클라이언트^{Client}는 '사용자'의 의미로 쓰이며 서비스를 제공 받는 유저를 말하고, 서버^{Server}는 서비스를 제공하고 데이터를 저장하는 컴퓨터를 말한다. 클라이언트 개발 영역을 앞단(프론트엔드$^{Front-end}$), 서버 개발 영역을 뒷단(백엔드$^{Back-end}$)이라고 부르기도 한다.

프레임워크

프레임워크^{Framework}는 특정 개발 언어를 개발하고자 하는 목적(웹/앱/서버 등)에 맞게 쉽게 작성할 수 있도록 뼈대를 갖추어, 개발자가 손쉽고 빠르게 구현할 수 있도록 만든 것이다. 프레임워크 안에는 '라이브러리' 코드가 포함되어 있다.

라이브러리

라이브러리^{Library}는 필요한 기능을 모아둔 도구를 말한다. 프레임워크를 지정했다면, 그에 맞는 기능을 구현하기 위해 미리 짜여진 '라이브러리' 코드를 가져와서 사용하면 더 쉽고 빠르게 개발할 수 있다.

리팩토링

리팩토링^{Refactoring}은 개발 코드의 기능을 바꾸지 않으면서 코드의 가독성을 높이고 수정하기 쉽게 만드는 과정을 말한다. 리팩토링을 진행하면 버그를 발견하거나 줄일 수 있고 개발 속도를 단축할 수 있다. 이러한 점 때문에 새로운 개발 기능을 추가해야 할 때 리팩토링을 하는 경우가 많다.

버그

버그^{Bug}는 소프트웨어에서 발생하는 문제와 서비스를 실행하는 과정에서 발생하는 오류 등 코드에 오류가 있다는 의미로 쓰인다.

디버깅

디버깅^{Debugging}은 서비스에서 나타나는 오류인 버그의 원인을 찾아내고 수정하는 작업 과정을 말한다. 디버깅 과정은 개발하는 데 가장 많은 시간을 할애하는 과정이기도 한다.

API/오픈 API

API는 응용 프로그램 프로그래밍 인터페이스$^{Application\ Programming\ Interface}$라는 줄임말로, 개발자가 만든 특정 기능을 다른 사람이 사용할 수 있도록 모듈화한 것을 말한다. 오픈 API는 누구나 사용할 수 있도록 공개한 것이지만 사용된 코드는 숨겨서 공유할 수 있다. 오픈 API의 대표적인 기능으로는 소셜 로그인 API, 지도 API 등이 있다.

데이터베이스

데이터베이스$^{Database,\ DB}$는 사용자가 회원가입 시 입력한 정보나 서버를 통해 넘어오는 데이터 등을 저장하는 장소를 말한다. 데이터베이스를 관리하는 대표 시스템으로는 MySQL, MongoDB가 있다.

Git(깃)/GitHub(깃허브)

Git은 개발자들이 사용하는 버전 관리 프로그램을 말한다. 하나의 프로젝트를 여러 개발자가 함께 개발하는데 버전별로 코드를 저장하여 함께 공유할 수 있어서 개발자들이 주로 사용하는 프로그램 중 하나이다. GitHub는 Git의 데이터를 온라인에 업로드하는 곳으로, 백업을 하거나 다른 GitHub 유저들에게 오픈 소스를 공유하는 용도로 사용하기도 한다.

예외 처리

사용자가 원활하게 사용할 수 있도록, 예외가 발생할 경우를 미리 예상하고 에러 메시지나 페이지를 띄워주는 등으로 대응하는 것을 말한다.

컴파일

컴파일^{Compile}은 작성한 코드를 컴퓨터가 이해할 수 있는 기계어로 변환하는 작업을 말한다. 컴퓨터가 이해할 수 있는 언어로 변환시키기 때문에 실행 속도가 빠르다.

빌드

개발 코드 파일은 하나로 작성되는 것이 아니라 여러 개의 파일로 만들어진다. 이 파일들을 모아 압축시켜 하나의 실행 파일로 만들거나, 컴파일된 코드를 실행할 수 있는 상태로 만드는 작업을 빌드^{Build}라고 한다.

배포

빌드가 완성된 실행 파일을 사용자가 실행할 수 있는 환경에 업로드하는 것을 말한다. 웹으로 배포함은 사용자가 보는 브라우저 화면에 빌드한 파일을 오픈하는 것을 의미한다. 반면에 앱으로 배포함은 모바일 스토어(앱 스토어, 구글 플레이 스토어)에 빌드한 파일을 업로드하여 사용자가 다운로드할 수 있도록 함을 의미힌다.

핫픽스

서비스에 버그, 오류, 장애가 발생했을 때 긴급 배포를 하기 위한 코드 작업을 핫픽스^{Hotfix}라고 한다.

SDK

SDK는 소프트웨어 개발 키트$^{Software\ Development\ Kit}$라는 뜻으로 개발, 디버깅 프로그램, API 등 응용 프로그램을 만들 수 있게 해주는 개발 도구이다. SDK의 종류로는 안드로이드 소프트웨어 개발 키트$^{Android\ SDK}$, iOS 소프트웨어 개발 키트$^{iOS\ SDK}$, JDK$^{Java\ Development\ Kit,\ 자바\ 개발\ 키트}$ 등이 있다.

APK/IPA

APK$^{Android\ Package\ Kit}$는 안드로이드에서 동작하는 애플리케이션 확장자이며, IPA$^{iOS\ App\ Store\ Package}$는 iOS에서 동작하는 애플리케이션 확장자다. 두 가지 모두 디바이스에 앱을 설치하는 역할을 한다.

IDE

IDE는 통합 개발 환경$^{Integrated\ Development\ Environment}$의 줄임말로 개발을 할 때 소스 코드 작성, 디버깅, Git, 컴파일 등의 작업을 한 곳에서 할 수 있게 만든 프로그램을 말한다. 대표적인 IDE 프로그램으로는 인텔리J^{IntelliJ}, 이클립스^{Eclipse}, Xcode, 비주얼 스튜디오$^{Visual\ Studio}$ 등이 있다.

리눅스

리눅스^{Linux}는 컴퓨터 운영체제 중 하나로 유닉스^{UNIX} 운영체제 기반으로 만들어졌다. 적은 비용으로 웹 서버, 메일 서버, FTP 등을 구축할 수 있어 개인이나

중소기업에서 많이 사용되는 서버이다. 공개 운영체제와 오픈 소스로 누구나 자유롭게 수정하고 배포할 수 있는 것이 특징이다.

동기 방식/비동기 방식

서버에서 데이터를 처리하는 방법으로는 동기 방식^{Synchronous}과 비동기 방식 ^{Asynchronous}이 있다. 동기 방식은 요청한 순서대로 데이터를 처리하는 방식으로, 하나의 데이터를 처리하는 동안 다른 데이터는 정지한다. 비동기 방식은 요청한 순서에 상관없이, 데이터를 처리하는 동안 다른 데이터도 요청할 수 있는 개발 방식을 말한다.

워터폴 방법론/애자일 방법론

워터폴은 완전히 기획이 끝난 이후에 개발을 하는 개발 방법론이고, 애자일은 서비스를 단위로 쪼개어 특정 기간 안에 개발 범위를 세분화하고, 점진적으로 고도화하는 개발 방법론을 말한다.

코드 리뷰

개발자가 작성한 개발 코드를 다른 개발자들이 함께 검토를 하는 과정을 말한다. 이를 통해 버그를 발견하거나 코드를 개선할 수 있는 장점이 있다.

오픈 소스

오픈 소스$^{Open\ Source}$는 공개적으로 누구나 자유롭게 확인하고 수정하고 배포할 수 있는 코드를 말한다. 소스 코드가 오픈이 되어 있기 때문에 많은 개발자가 사용하며 문제점을 보완하거나 개선할 수 있으며, 대표적인 사례로는 리눅스 OS가 있다. 일부 제약 없이 사용할 수 있는 오픈 소스도 있지만, 사용 및 공유 규칙 등의 라이센스가 있으니 주의해야 한다.

모듈

모듈Module은 프로그램을 구성하는 요소의 일부로, 기능별로 나누어지는 프로그램을 말한다. 개발을 하다 보면 코드의 양이 방대해지는데, 많은 코드를 한 페이지에 넣는다면 유지 보수를 하거나 다른 개발자와 공유를 하기 힘들어진다. 그래서 기능별로 코드를 작성하는데, 이를 모듈화Modularization 프로그래밍이라 말한다. 자체적으로 모듈을 지원하는 언어로는 Python, Ruby, Pascal 등이 있다.

알고리즘

알고리즘Algorithm은 문제를 해결할 때 이용하는 논리적인 절차나 방법으로, 프로그램 개발을 하는 과정에서 실행 명령어의 순서를 의미한다. 개발의 결과물이 똑같더라도 해결 과정에 따라 실행 속도, 오류 등의 차이점이 발생하기 때문에 알고리즘 순서도를 활용한다.

순서도

순서도Flowchart는 알고리즘을 알아보기 쉽게 도식화하여 작성한 것으로, 문제를 분석하는 순서를 논리적으로 단계화하여 정해진 기호로 작성한 것을 말한다. 순서도의 작성에 따라 프로그램의 품질이 달라질 수 있으므로 개발에 중요한 역할을 한다.

모바일 웹

모바일 웹Mobile Web은 웹 개발 방식으로 모바일 스크린 크기에 맞추어 제작하는 웹을 말한다. HTML 기반으로 제작되어 단말기의 웹 브라우저(크롬, 사파리)를 통해 보여준다. 모바일 웹은 네이티브처럼 iOS와 안드로이드를 별도로 디자인과 개발을 하지 않아도 되는 장점이 있다. 다만 네이티브 앱처럼 단말기를 제어하는 데 한계가 있으며 반응 속도가 느리다.

네이티브 앱

네이티브 앱^{Native App}은 모바일 스토어(앱 스토어, 구글 플레이 스토어)에서 내려받아 단말기에 직접 설치하는 어플을 말한다. 단말기에 직접 설치하여 운영하는 방식으로 단말기의 고유 정보, 하드웨어에 접근할 수 있으며 각종 센서를 제어하는 앱을 만들 때 유용하다. 또한 인터랙션 구현과 반응 속도가 빠른 장점이 있다.

하이브리드 앱

하이브리드 앱^{Hybrid App}은 HTML 기반으로 제작된 모바일 웹앱을 네이티브 앱으로 제작한 것을 하이브리드 앱이라고 한다. 네이티브 앱과 모바일 앱의 특성이 공존하는 앱 형태이다.

— 2 —
생산성 향상을 위한 협업 툴

회사마다 사용하고 있는 업무 협업 툴은 다양하다. 협업 툴은 혼자 사용하기보다 팀 단위, 혹은 회사 단위로 함께 사용하여야 더 좋은 효과를 볼 수 있다. 특히 개발자와 커뮤니케이션을 위해 사용하는 툴은 개발 진행 사항을 공유하거나 프로젝트 협업을 관리하는 데 유용하므로, 개발팀과 논의한 후 기획자와 디자이너도 함께 사용하면 좋다. 다음을 통해 협업과 업무 효율 향상을 도와주는 기획자와 디자이너 툴까지 함께 살펴보자.

커뮤니케이션 도구

슬랙(Slack)

주로 IT 기업과 스타트업을 중심으로 업무 커뮤니케이션 툴은 카카오톡보다 업무용 메신저인 '슬랙'을 많이 사용한다.

슬랙은 Tiny Speck이라는 게임 회사에서 팀원 간의 커뮤니케이션을 돕기 위해 만든 내부 툴로 시작하였다. 그러다 실리콘밸리 일대의 많은 회사에서 슬랙을 사용하게 되자 게임 제작을 중단하고 슬랙을 만드는 회사로 방향을 바꾸었다고 한다. 그러할 정도로 실리콘밸리 내에서 큰 인기를 얻은 협업 툴이다.

초기의 슬랙은 해외에서 만든 협업 툴이라 기존에는 영어 버전으로 사용해야 하는 불편함이 있었다. 하지만 현재는 한국어도 업데이트되어 쉽게 사용할

업무용 메신저, 슬랙(https://slack.com/intl/ko-kr/)

수 있다. 개발자와 협업하기 좋은 업무 커뮤니케이션 툴로 슬랙을 제일 먼저 소개하는 이유는 개발자들의 활용 범위가 크며 업무 커뮤니케이션 툴로도 좋기 때문이다. 예를 들면 Github, Jira 등 개발자들이 주로 활용하는 앱을 슬랙과 연동해 데이터를 가져오거나, API를 활용하여 원하는 서비스들의 알림을 받을 수 있다.

   슬랙의 주요 운용 방법은 워크스페이스workspace를 만들고 그 안에 다양한 채널을 생성하는 것이다. 슬랙의 워크스페이스는 작게는 팀이 될 수도, 크게는 회사 단위가 될 수도 있다. 채널은 워크스페이스 내에 만들 수 있는 단체 채팅방 또는 주제별 카테고리라고 생각하면 된다. 또한 슬랙은 다이렉트 메시지 기능이 있는데, 이 기능으로 1:1 대화를 하거나 여러 명과 대화를 할 수 있다. 채널이 팀 단위 또는 업무 단위 등 특정한 주제를 가진 공간이라면, 다이렉트 메시지는 간단히 대화하는 용도로 사용하면 된다.

또 슬랙의 가장 큰 강점은 슬랙 봇 기능과 다른 협업 툴의 연계이다. 구글 캘린더, 구글 드라이브, Github, Jira, Trello 등 앱이나 API를 추가하여 데이터를 연동하거나 알림을 받을 수 있다.

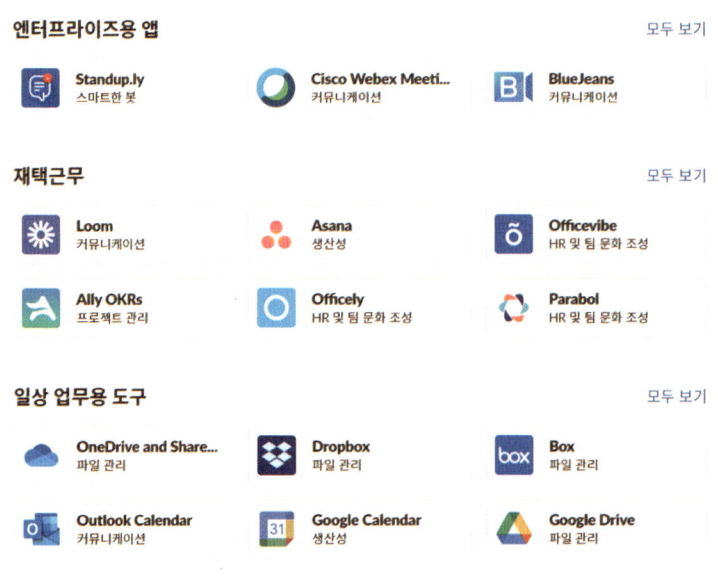

슬랙과 연결 가능한 생산성 앱(App) 예시

서비스 자체는 무료지만 10,000개의 메시지만 보관이 되며 이전 메시지들은 순차적으로 삭제된다는 단점이 있다. 또한 무제한 보관은 유료로 업그레이드를 해야 한다. 슬랙은 빠른 커뮤니케이션과 의사 결정이 필요한 회사인 스타트업, 소프트웨어 개발사 등 개발자와의 내부 커뮤니케이션이 많은 회사에 추천하는 커뮤니케이션 툴이다. 비슷한 국내 협업 툴로는 잔디ZANDI, 라인웍스LINE WORKS, 플로우flow 등의 협업 툴이 있다.

지라(Jira)

호주 시드니의 아틀라시안^{ATLASSIAN} 회사에서는 지라^{Jira} 소프트웨어와 컨플루언스^{Confluence}, 트렐로^{Trello} 등 협업을 위한 서비스를 제공한다.

지라는 프로젝트 관리 툴로 쓰이며 팀원들과 업무 진행 상황을 공유하기에 좋다. 웹/앱 서비스는 지속적인 업데이트가 이루어지고, 운영 중 발생하는 버그나 이슈들이 생길 수 있다. 이때 지라를 활용하여 담당 개발자에게 할당 업무를 부여(티켓)할 수 있으며 칸반 보드 등을 활용하여 해당 업무의 진행 상황을 확인할 수 있다.

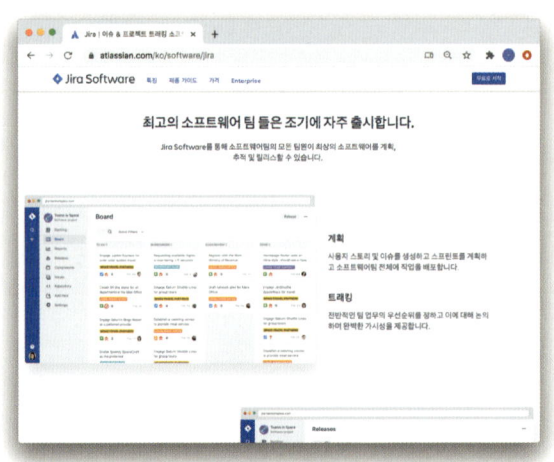

지라 소프트웨어(https://www.atlassian.com/ko/software/jira)

지라의 주요 기능 중 로드맵 기능이 있다. 로드맵은 프로젝트 달성까지의 일정 관리, 필요한 목표와 업무, 일의 진행 순서를 팀원들과 한눈에 보기 쉽게 정리한 기능이다. 프로젝트 계획 수립과 에픽^{Epic}마다 상세 업무를 연결할 수 있어 프로젝트 계획 수립과 일정 관리를 한번에 할 수 있다는 장점이 있다.

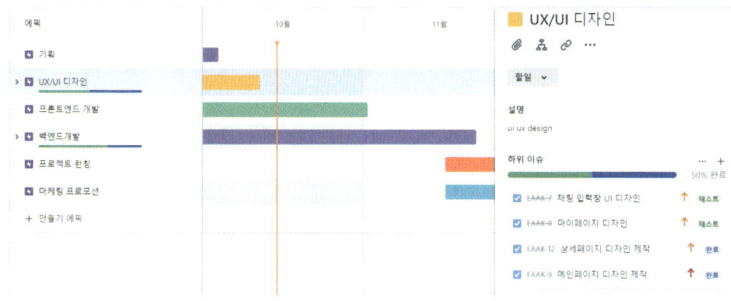

지라의 로드맵 기능

칸반 보드

또 칸반 보드에 업무(이슈)를 생성하고 현재 어느 업무를 진행 중인지 어떤 이슈나 버그를 처리하고 있는지를 팀원들과 공유할 수 있으며 이슈를 만들어 해당 담당자에게 업무 전달도 가능하다. 칸반 보드의 특징은 할 일(To-do) > 진행 중(In Progress) > 완료(Done)의 형태로 업무를 관리할 수 있는 것이 특징이다.

지라는 확장성이 넓어 도입할 땐 어려움을 겪을 수 있지만 회사의 유형, 팀 내부에 맞게 다양하게 활용하여 사용할 수 있다. 지라는 무료 버전도 제공하는데, 용량은 2GB에 최대 사용자는 10명까지 수용할 수 있다. 그리고 지라를 컨플루언스와 함께 사용하면 더 높은 효율을 만들 수 있다.

컨플루언스(Confluence)

컨플루언스는 일종의 위키^Wiki 소프트웨어이다. 위키의 대표적인 예로는 위키백과^Wikipedia가 있다. 누구나 자유롭게 작성하는 인터넷 백과사전 사이트로, 정말 많은 사람들이 협업을 하여 만든 백과사전이라고 볼 수 있다. 이처럼 컨플루언스 위키는 회사에서 쓴다면 회사 구성원들이 만들어가는 백과사전으로 활용할 수 있다.

위키를 잘 활용한다면 신입사원이 입사했을 때 꼭 읽어야 하는 회사의 기본 규율, 내부 공유 사항이나 기존에 진행했던 프로젝트의 기획안, 일정, 진행 사항 등의 정리 문서나 회의 일지, 업무 일지 등 정말 다양하게 활용할 수 있다.

컨플루언스를 이용하면 위키 페이지를 자유롭게 생성할 수 있으며, 특히 사내 위키/팀별 위키 등 구성원들과 함께 공유해야 할 내용들을 기록할 수 있다는 것이 강점이다. 팀별 위키의 경우 공개/비공개 설정으로 원하는 팀원에게만

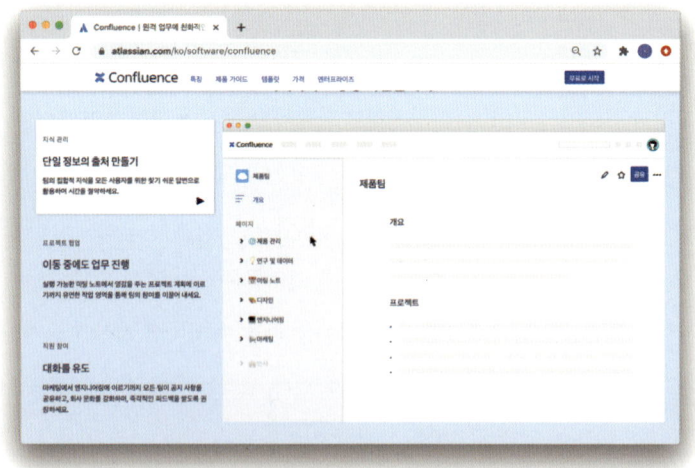

컨플루언스(https://www.atlassian.com/ko/software/confluence)

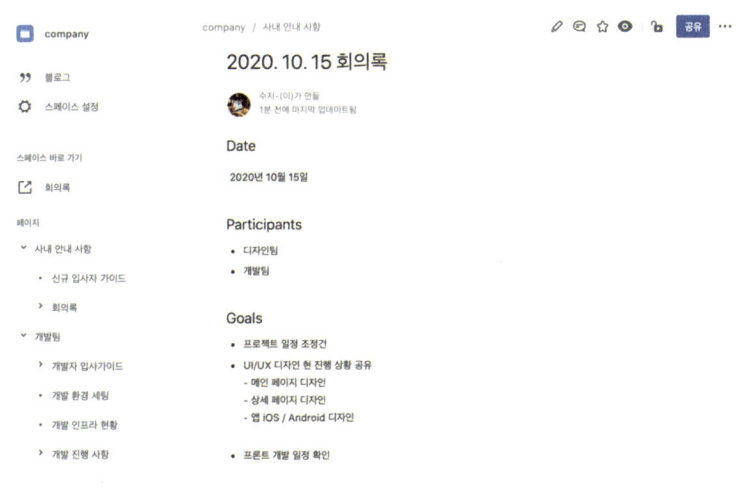

컨플루언스 작성 예시

보여줄 수 있는 문서를 작성할 수도 있으며 누구나 문서를 작성, 편집할 수 있고 코멘트도 가능하다.

  이렇게 위키 형태로 작성을 해놓으면, 신규 입사자는 회사 내부의 현황을 파악할 수 있고, 기존 팀원은 팀별 정리된 문서를 보며 인수인계 또한 빠르게 할 수 있다. 또한 타 부서가 어떤 업무를 하고 있는지, 팀별 일정은 어떻게 되어가고 있는지, 어떤 프로젝트를 진행하고 있는지 등 현황을 파악할 수 있어 부서 간의 협업이 원활해지고 사내의 많은 문서들을 체계적으로 정리하여 관리할 수 있다는 장점이 있다.

  컨플루언스는 다른 협업 툴과 연계하여 사용할 수도 있다. 그 예로 지라와 구글 드라이브를 들 수 있다. 컨플루언스를 지라와 함께 사용하면 위키 문서 내에 지라에 등록한 에픽, 이슈들을 연동해 글을 작성할 수 있고 페이지의 버전 관리도 가능하다. 그리고 구글 드라이브와 연동하면, 파일들을 개인 PC가 아니라 구글 드라이브에 저장한 후 위키로 파일을 관리하고 공유할 수 있어 편리하다.

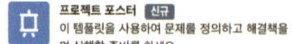

컨플루언스에서 다양하게 제공되는 문서 양식

    컨플루언스는 캘린더, 회의록, 체크리스트 등 다양한 문서 양식을 지원한다. 이를 활용해 다양한 방식으로 문서를 편집할 수 있으며, 작성한 내용을 실시간으로 공유할 수 있어 생산성이 높다.

    지라와 마찬가지로 컨플루언스 또한 무료 버전을 제공하는데, 용량은 2GB에 인원은 최대 10명까지만 수용할 수 있다.

    지라와 컨플루언스는 개발자가 쓰기 편리한 프로젝트 관리 툴이면서도 활용성이 높아 개발팀과 협업이 잦은 조직에게 좋은 협업 툴이다.

트렐로(Trello)

트렐로는 대표적인 프로젝트 관리 도구이다. 2017년에 아틀라시안에 인수되어 지라 내에도 트렐로와 비슷한 프로젝트 도구인 칸반 보드를 제공한다.

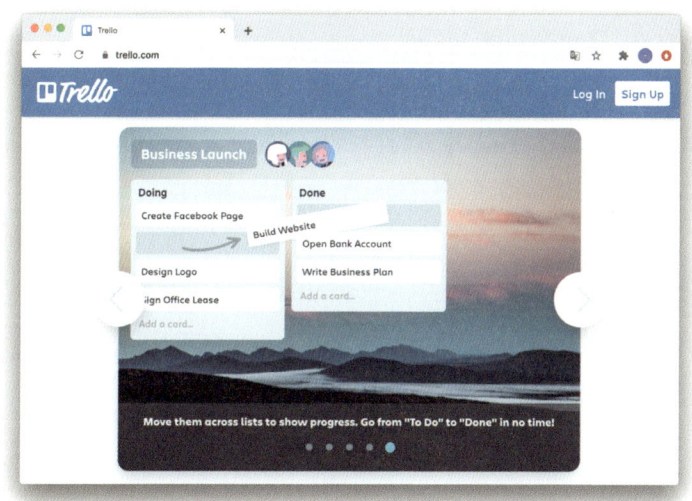

트렐로(https://trello.com/home)

지라의 칸반 보드보다 조금 더 가볍게 사용할 수 있는 점이 장점이다. 지라는 활용도가 높지만 진입 장벽이 높고 복잡하다는 단점이 있다. 반면에 트렐로는 직관적이면서도 간단하고 가볍기 때문에 소규모, 팀 단위, 또는 개인 업무 태스크 용도로 사용하는 경우가 많다.

트렐로의 주요 기능은 카드 형태의 칸반 보드 기능이다. To Do 〉 Doing 〉 Done 형태의 태스크 관리 방식으로 기록을 해도 되고 업무 분야로 나누어 기록을 해도 편리하다.

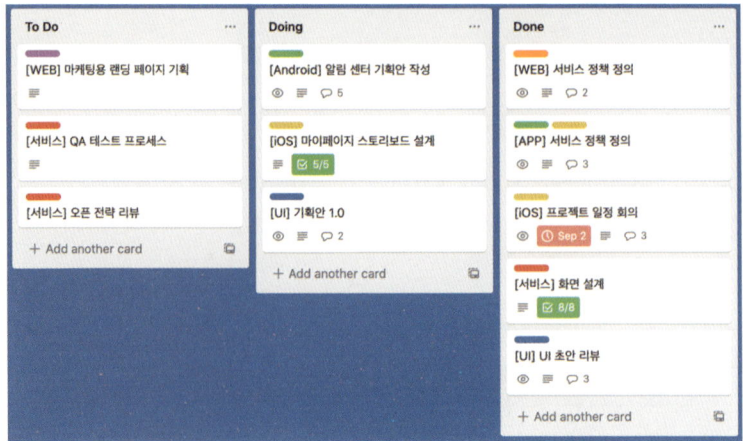

트렐로의 칸반 보드

각 카드마다 라벨 색상으로 구분할 수 있으며 일정, 체크리스트, 코멘트, 멤버 언급, 공유 등 가벼운 기능부터 파일, 이미지 첨부 등의 기능들도 제공한다.

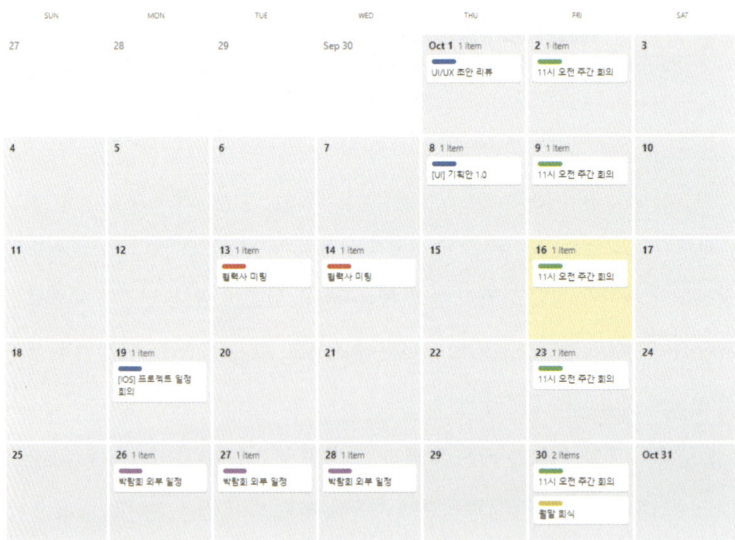

트렐로의 캘린더 기능

또 캘린더 기능을 함께 제공하고 있는데 캘린더에 등록하는 일정도 칸반 보드에 함께 등록이 되어 업무 일정도 함께 관리할 수 있는 장점이 있다.

트렐로는 단순하면서도 활용하는 방법에 따라 간단하게 개인 To Do 리스트로도 사용할 수 있고 팀 프로젝트로도 사용할 수 있다. 다만 인원이 많아지고 내용이 많아질수록 칸반 보드가 복잡해질 수 있어 트렐로는 소규모에게 추천하는 프로젝트 관리 도구이다.

노션(Notion)

노션은 다양한 툴의 장점들을 하나로 합쳐놓은 듯한 커뮤니케이션 툴로, 국내에서도 노션을 활용하여 업무 효율성을 높이는 서적들도 나올 만큼 인기가 있는 툴이다.

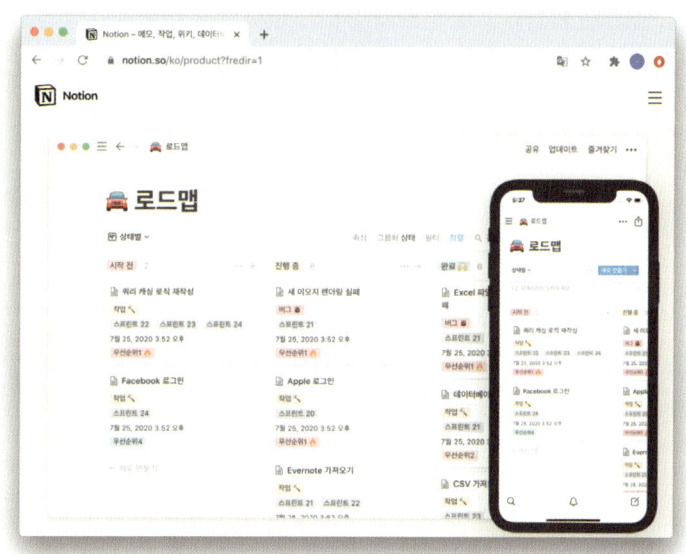

노션(https://www.notion.so/ko)

노션은 개인 사용자에게는 무제한의 페이지와 블록을 무료로 제공하여 노트나 기록용으로 쓰기에도 좋다. 다만 기업 대상에게는 유료로 제공하므로 개인용으로 미리 충분히 사용해본 후 도입하는 것을 추천한다.

노션이 기본으로 제공하는 다양한 템플릿

노션은 다양한 커뮤니케이션 툴의 장점 기능들을 모아 만든 듯한 툴이다. 노션의 팀 위키 기능은 컨플루언스와 GitHub 위키를 대체해서 사용할 수 있다. 또한 워크플로우 관리 기능의 칸반 보드는 트렐로와 지라를 대체하고, 문서 작성은 간편한 노트 형태로 Google Docs와 에버노트 등을 대체할 수 있다. 이뿐만 아니라 노션은 문서 템플릿도 제공하며 에디터 작성 시 슬래시(/) 명령어를 입력해 다양한 요소들을 삽입할 수 있어 활용도가 높다.

노션의 특별한 점은 작성한 문서를 웹 페이지 형태로 공유가 가능하는 것이다. 하나의 문서를 홈페이지처럼 만든 후 웹 페이지로 공유해, 개인 포트폴리오 사이트로 활용하거나 회사의 간단한 홈페이지, FAQ 페이지, 문서 공유 등으로 사용하는 케이스도 많다.

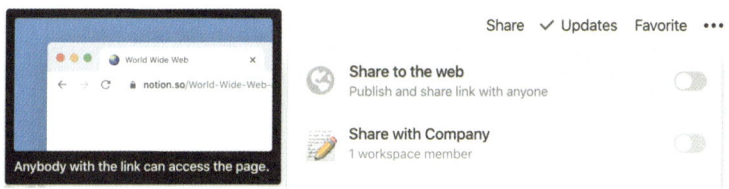

노션으로 작성한 문서를 웹 페이지로 공유하기

기획자/디자이너의 협업 도구

스케치(Sketch)

스케치는 UX/UI 디자인의 대표 프로그램으로 자리잡고 있다. 기존에는 Adobe사의 포토샵이나 일러스트 프로그램을 통해 UI 디자인을 했다. 하지만 와이어프레임 제작 및 UI 플로우를 만들기에는 늘어나는 용량이 무거워 사용하기에 부담이 되었다. 그리고 프로토타이핑을 별도로 사용해야 하는 불편함과 개발자에게 디자인 개발 가이드를 별도로 제작하여 전달을 해야 하는 불편함이 있었다.

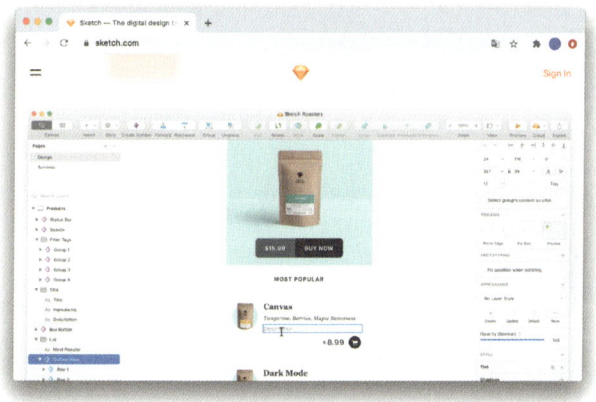

스케치(https://www.sketch.com/)

스케치는 UI 플로우와 와이어프레임을 제작하기 편하고, 일러스트와 같은 벡터 기반이기 때문에 여러 해상도에 대응하기도 편하다. 또한 프로토타입 툴, 제플린과 같은 다양한 프로그램 및 플러그인 연동할 수 있고 가벼운 용량을 가져 UX/UI 디자인에 특화된 툴이라고 볼 수 있다. 한 화면에서 전체적인 플로우를 보기에 좋아서 디자이너뿐 아니라 기획자도 스케치를 활용해서 설계서를 작성하는 케이스가 늘고 있다.

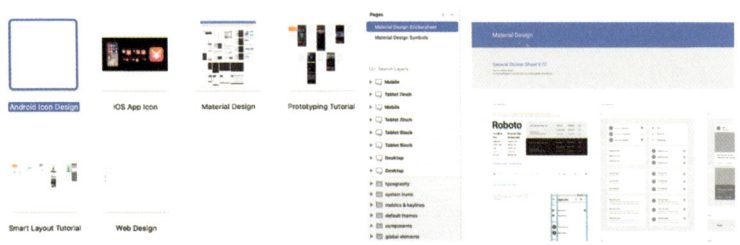

스케치의 기본 템플릿

스케치의 기능을 살펴보자면 안드로이드와 iOS의 App 아이콘 규격, 머티리얼 디자인 가이드, 프로토타이핑 튜토리얼, 레이아웃 튜토리얼, 웹 디자인 템플릿 등 기본적인 디자인 템플릿을 제공하고 디바이스별 다양한 해상도를 선택할 수 있다. 스케치 무료 앱 소스를 다운받아 템플릿으로 쉽게 불러올 수 있다. **(디자인 템플릿 경로: File 〉 New from Template)**

기존의 UX/UI 툴로 사용한 포토샵과 같은 툴은 디자인을 한 뒤 개발에 사용될 이미지 파일 Assets, 에셋들을 분리하고 추출하는 번거로운 과정이 있었다. 하지만 스케치를 사용하면 저장이 편리하고 벡터 기반의 프로그램이기 때문에 iOS의 @1x, 2x, 3x 배율 이미지와 안드로이드의 MDPI, HDPI, XHDPI, XXXHDPI 등의 배율 이미지를 한번에 저장할 수 있다.

스케치로 Export하기

그리고 스케치에서 제작한 디자인은 CSS 코드나 SVG 코드로 바로 추출할 수 있다. 코드를 보고 싶은 레이어를 클릭하고 마우스 오른쪽 버튼을 누르면 팝업 메뉴가 나온다. 여기서 〈Copy CSS Attributes〉, 〈Copy SVG Code〉를 클릭하면 코드가 복사된다. 메모장 또는 서브라임 텍스트[Sublime Text]와 같은 HTML 코드 작성 프로그램 등에 붙여넣으면 코드를 직접 확인해볼 수 있다.

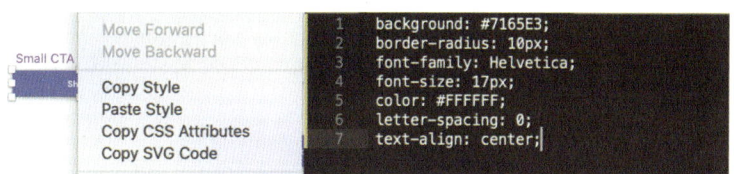

CSS 코드 추출하기

스케치 홈페이지에 접속하면 extensions 탭에서 스케치와 연동할 수 있는 외부 프로그램 등을 소개한다. 다음의 그림에 소개된 것과 같이, 스케치는 개발자와 디자인 개발 가이드 전달에 최적화된 제플린, 인터랙션 프로토타이핑 툴의 인비전, 플린토 등의 프로그램과 통합할 수 있다. 이러한 점에서 스케치는 단순히 기획, UX/UI 디자인 툴뿐 아니라 개발자와의 협업에도 도움을 주는 유용한 프로그램이다.

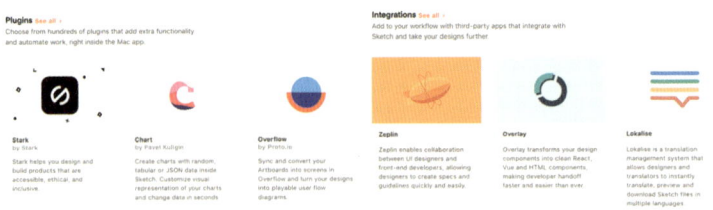

스케치 플러그인(https://www.sketch.com/extensions)

마지막으로 스케치에서 만든 UI를 iOS 기기에서 미리 볼 수 있는 Mirror 기능이 있다. 앱 스토어에서 Sketch Mirror 앱을 설치한 후 macOS와 동일한 WiFi를 연결하면 스케치에서 만든 아트보드의 화면을 iOS 기기로 실시간으로 볼 수 있다. 다만 Mirror 앱은 iOS 앱 스토어에서만 제공한다. 안드로이드 기기를 사용한다면 플레이 스토어의 Crystal: Sketch Mirror for Android 앱으로 대체하여 사용하면 된다.

소개한 기능 이외에도 스케치 툴은 익힐수록 기획자와 디자이너에게 편리한 기능을 활용해볼 수 있다. 다만 스케치는 macOS에서만 사용 가능하다는 단점이 있다.

참고로 스케치가 등장한 이후 Adobe에서도 UX/UI 툴로 Adobe XD를 출시했다. Adobe XD 또한 스케치가 제공하는 만큼의 기능을 자랑하면서 윈도우와 macOS 모두 지원한다.

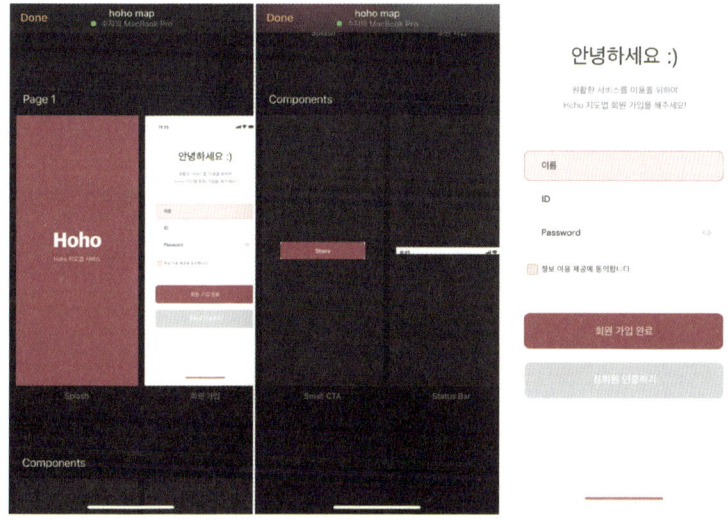

Sketch Mirror App

제플린(Zeplin)

기존에는 디자인을 하고 나면, 어시스터 PS^{Assistor PS}라는 프로그램을 통해 크기, 색상 코드, 간격 등의 값을 추출한 후 PPT로 GUI 가이드를 만들어 개발자에게 전달했다. 이 과정은 디자인을 하는 만큼의 시간이 소요되어 엄청난 업무 손실이 되었다.

하지만 디자인 가이드를 자동으로 생성해주는 툴이 있다면 어떨까? 제플린을 이용하면 디자인 가이드를 별도로 만들지 않아도 되므로 디자이너의 업무 시간을 아낄 수 있다. 제플린은 대표적인 GUI 가이드 프로그램으로, 스케치뿐 아니라 포토샵과도 연동할 수 있고, macOS와 Windows 그리고 웹에서도 모두 실행할 수 있다. 현재 제플린은 1개의 프로젝트만 무료로 제공하고 있으며, 여러 프로젝트를 이용하려면 유료로 사용해야 한다.

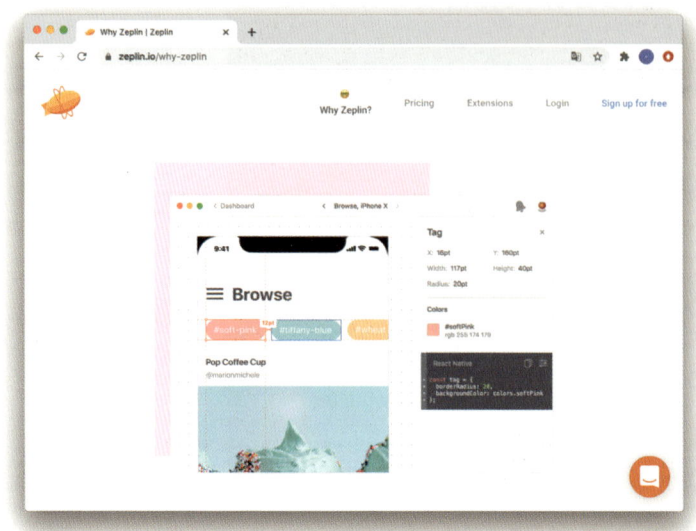

제플린(https://zeplin.io/)

스케치나 포토샵에서 제플린 플러그인을 사용할 수 있는데 방법은 이러하다.

스케치 → 제플린: 제플린으로 이동할 아트보드를 선택 > 스케치 메뉴의 Plugins > Zeplin > Export Selected

포토샵 → 제플린: 제플린으로 이동할 아트보드를 선택 > 포토샵 메뉴의 Window > Extensions > Zeplin

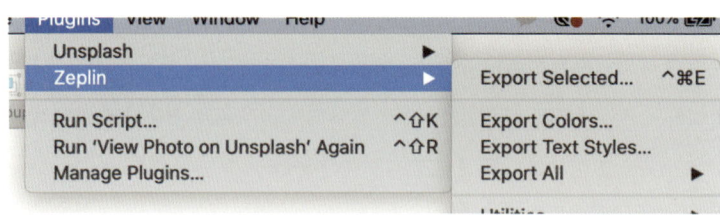

제플린으로 Export하기

이렇게 작업한 디자인을 제플린으로 내보내면 대시보드^{Dashboard}에서 옮긴 디자인을 볼 수 있다. 이때 대시보드 옆 탭의 스타일 가이드^{Styleguide}를 클릭하면 도큐먼트에 저장된 컬러, 텍스트 스타일 등이 변수로 정리된 코드 화면을 함께 볼 수 있다. 이러한 기능은 개발자의 시간 또한 단축할 수 있다는 장점이 있다.

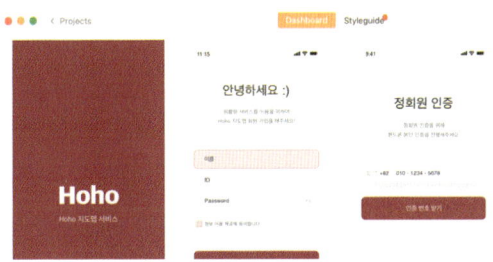

제플린의 Dashboard

대시보드에서 더 자세하게 보고 싶은 화면을 클릭하고 마우스를 올리면 간격 값을 확인할 수 있다. 요소를 클릭하면 좌표값, width, height, 폰트, 폰트 크기, 정렬, 자간, 행간, 컬러, 그림자 값까지 볼 수 있다.

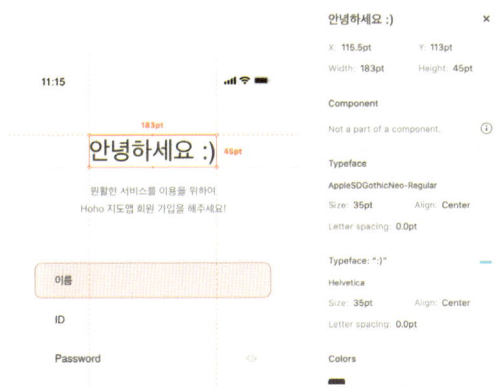

간격 값 확인하기

이미지를 별도로 저장하지 않아도 제플린 내에서 내려받고 싶은 이미지를 클릭하여 PNG, JPG 파일로 손쉽게 내려받을 수 있다. 이러한 기능은 디자이너의 업무 시간을 단축해준다. 업로드한 프로젝트는 이메일로 초대를 하여 함께 보거나 Web, App 공유 링크를 통해 제플린 설치 없이도 바로 확인할 수 있다. 이처럼 제플린은 별도의 GUI 가이드를 제작하지 않아도 퍼블리셔, 개발자와 쉽게 협업이 가능하다는 것이 가장 큰 장점이라고 볼 수 있다.

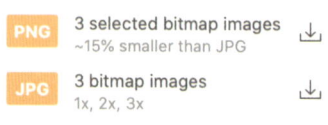

제플린에서 이미지 파일 내려받기

디자인을 하면 최종본을 완성하고 나서도 기획의 변경, 팀원들의 의견 반영, 문구 변경, 색상 변경 등의 이유로 갑작스레 수정하는 경우가 있다. 이 경우에는 PSD, 스케치 파일을 버전별로 저장해야 하는 데다, 수정사항을 개발자에게 다시 알려줘야 하는 번거로움이 있다. 하지만 제플린의 버전 관리 기능을 이용한다면 손쉽게 변경된 사항을 수정하고 공유할 수 있다.

스케치에서 수정한 아트보드나 레이어를 클릭하고 다시 제플린으로 Export 하면, 수정된 사항이 반영되고 버전 관리 메모가 활성화되며 어떤 부분이 변경되었는지 기록할 수 있다. 이렇게 변동 사항을 기록해두면 제플린에 공동 작업자로 추가된 사람들에게 알림이 발송된다. 이 기능을 이용하면 빠르게 수정사항을 체크할 수 있어 원활한 협업이 가능하다.

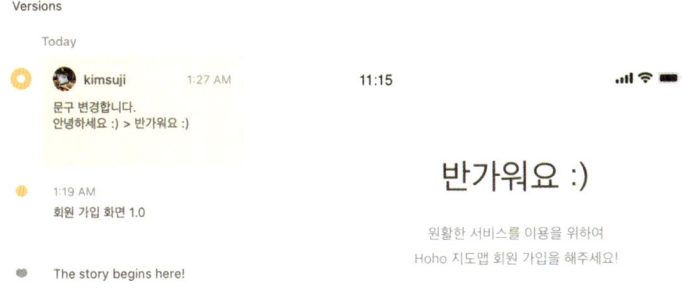

문구를 변경한 후 수정 사항을 기록

변동 사항이 많을 경우에는 메모 기능으로도 공유할 수 있다. macOS에서는 [command]키, Windows에서는 [Ctrl]키를 누르고 메모를 기록하고자 하는 곳을 클릭을 하면 메모 기능이 활성화된다.

문구를 변경한 후 메모 기능으로 공유

실무에서 제플린은 빼놓을 수 없는 프로그램으로 자리잡혀 있다. 하지만 간혹 폰트의 스페이스 영역으로 인해 간격의 오차가 생기기도 하고, 자간이나 행간 등이 디자인 툴에서 볼 때와 웹에서 볼 때 다를 수 있다. 그러므로 디자인 QA 시 한 번 더 꼼꼼하게 체크하여 프로젝트를 마무리하자.

인비전(InVision)

인비전은 프로토타이핑 툴로 스케치뿐 아니라 포토샵과도 연동을 할 수 있으며, 스케치 내부에서 바로 프로토타입을 볼 수 있는 것이 장점이다. 제플린과 마찬가지로 1개의 프로젝트만 무료로 제공한다.

인비전은 웹 기반의 툴이기 때문에 자체 설치 프로그램은 없다. 인비전에 로그인하고 새로운 프로젝트 Documents를 등록하면 컴퓨터에 있는 PNG, JPG, GIF 이미지를 불러와 웹에서 바로 프로토타입을 만들 수 있다.

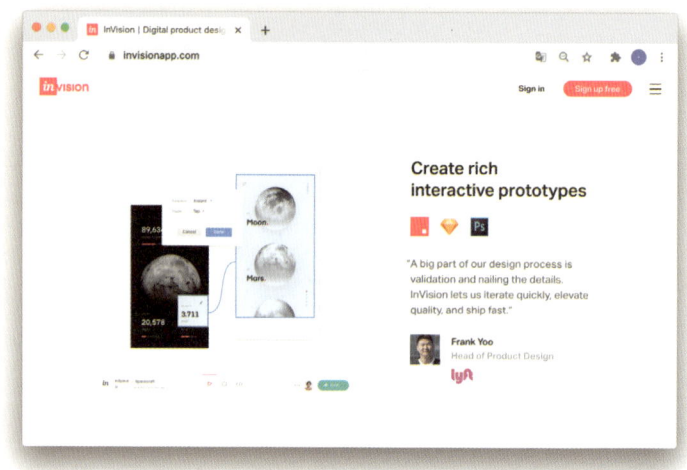

인비전(https://www.invisionapp.com/)

인비전의 크래프트 플러그인 툴을 스케치와 연동하면 스케치 내부에서 프로토타이핑 툴을 연동시킬 수 있다. 크래프트 플러그인의 Prototype 툴을 클릭하고 연결할 레이어를 클릭한 뒤 단축키 [C]를 누르면 화살표가 활성화된다.

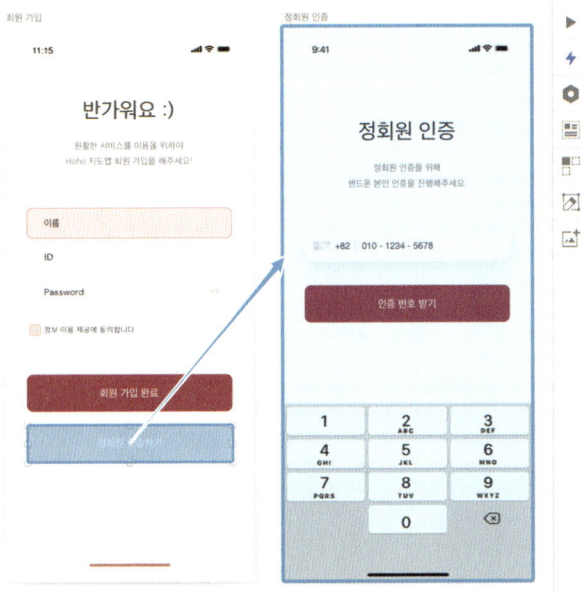

인비전 플러그인을 스케치와 연동한 후 활성화한 모습

인비전은 간단한 제스처를 제공한다. Desktop은 Click, Hover를 제공하고 Mobile은 Tap, Double Tap, Swipe Right, Left, Up, Down으로 총 여덟 가지의 제스처를 제공한다.

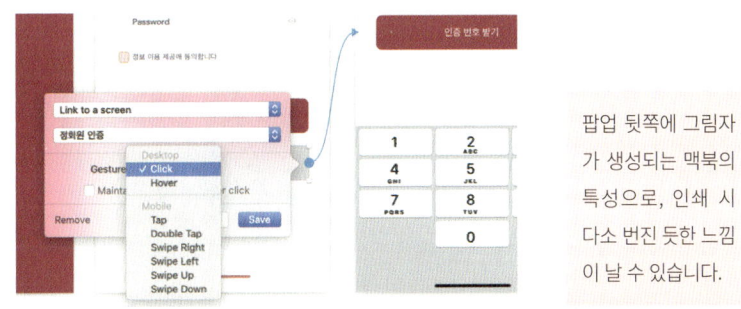

인비전이 제공하는 제스처

팝업 뒷쪽에 그림자가 생성되는 맥북의 특성으로, 인쇄 시 다소 번진 듯한 느낌이 날 수 있습니다.

PART 04. 개발자의 일 207

프로토타이핑 툴로 원하는 제스처를 화면마다 연결하여 완성시킨 뒤 Player 툴을 누르면 스케치 내에서 바로 실행하여 화면을 볼 수 있다. 그리고 웹 인비전으로 이동시켜 개발자와 함께 프로토타입을 공유할 수 있다. 이렇게 프로토타이핑 툴을 활용하면 기획자와 디자이너 머릿속에만 있는 상상의 화면을 시각화할 수 있어 개발자가 직관적으로 이해하기 좋다.

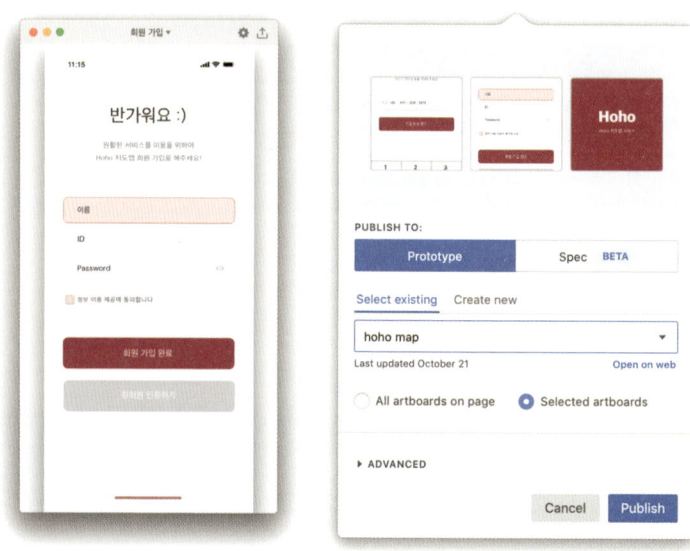

인비전으로 프로토타입 실행 및 업로드
- (좌)Player 기능으로 실행하는 모습 / (우)Sync 기능으로 업로드하는 모습

피그마(Figma)

피그마는 최근 새롭게 주목을 받는 툴로, 웹 기반의 다양한 협업 기능을 가진 UI 디자인 툴이다. 스케치는 Mac에서만 실행된다는 불편함이 있지만, 피그마는 별도의 프로그램을 설치할 필요가 없다. 윈도우, macOS, 웹 브라우저 중 한

가지 실행 환경이 갖춰진다면 어디서든 사용할 수 있다는 점이 피그마의 가장 큰 특징이다.

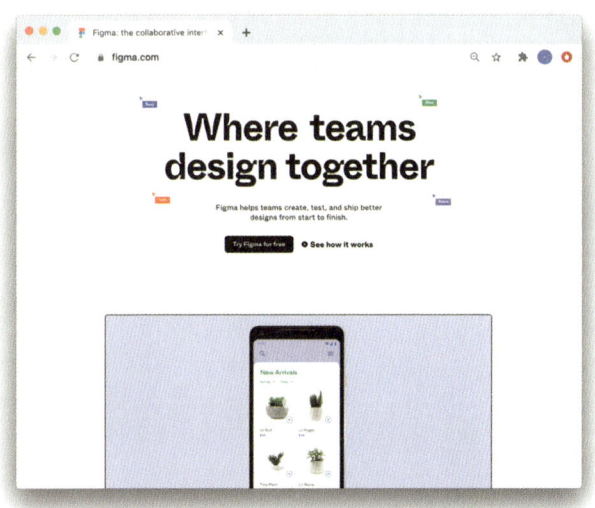

피그마(https://www.figma.com/)

저장할 것을 깜빡 잊은 채 디자인 작업에 몰두하다 컴퓨터 오류나 실수로 프로그램이 종료된다면 그것만큼 고통스러운 일이 있을 수 없다. 하지만 피그마는 클라우드 기반이기 때문에 실시간으로 파일이 저장된다. 이 또한 피그마의 장점이라 볼 수 있다. 히스토리도 자동으로 기록되므로 여러 번에 걸쳐 버전 관리 파일을 저장할 수 있고 수많은 파일을 보관하지 않아도 된다.

UI 디자인 또한 스케치와 Adobe XD의 장점 기능을 모두 가지고 있다. 피그마는 2명의 편집자와 3개의 프로젝트까지 무료로 이용할 수 있으며, 프로젝트 내에 디자인 파일은 무제한으로 만들 수 있다. 개인 이용자라면 무료 버전으로도 충분히 사용할 수 있다.

스케치나 Adobe XD는 GUI 가이드를 위해 제플린을 사용하거나, 프로토타이핑을 위해 인비전을 추가로 사용해야 한다. 반면에 피그마는 한 화면 안에서 프로토타이핑 제작과 코드 확인이 가능하여 추가로 다른 프로그램을 사용하지 않아도 된다.

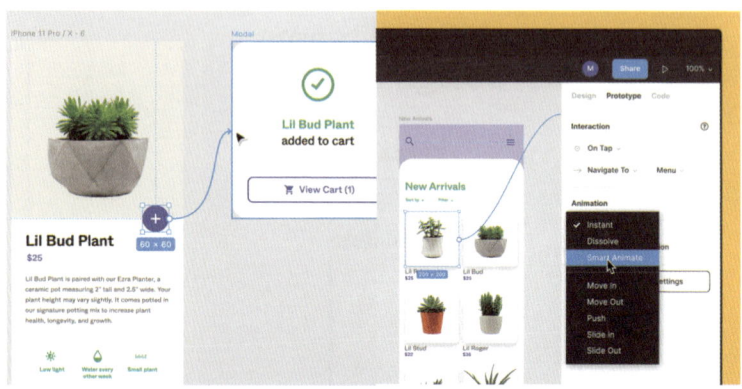

피그마로 프로토타이핑 제작과 코드 확인을 동시에 수행

피그마는 다양한 와이어프레임 템플릿도 제공하므로 기획자도 피그마를 유용하게 사용해볼 수 있다. 특히 파워포인트로 반복된 와이어프레임을 여러 장 만들다가 수정하게 되면 일일이 장표마다 바꿔야 해서 불편한데, 피그마의 '마스터 컴포넌트'라는 기능을 이용하면 작업이 한결 수월해진다. 반복된 와이어프레임을 마스터 컴포넌트로 지정해두면 한번에 수정할 수 있다.

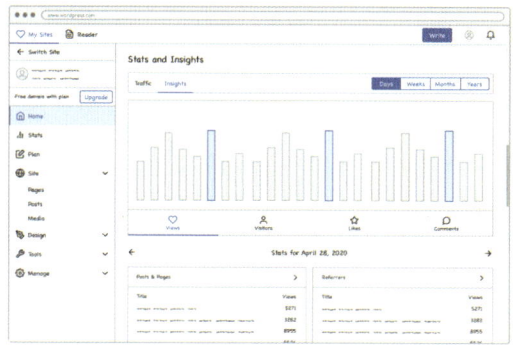

피그마에서 제공하는 Lo-fi Wireframe 템플릿

앞에서 언급했듯 피그마는 클라우드 기반의 툴이다. 그렇기 때문에 한 화면에 여러 명이 접속하여 동시에 작업도 가능하다. 디자이너 함께 접속하여 디자인 작업을 해도 되고, 개발자가 접속하여 디자인의 코드를 확인해볼 수 있다.

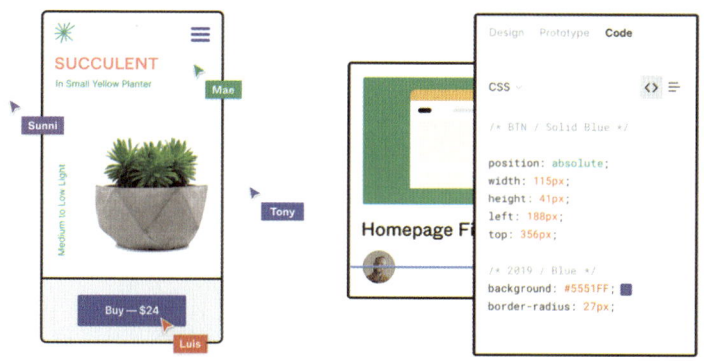

동시 작성 및 디자인 코드 확인 기능

피그마는 아직 보편화되지 않아 사용 방법이나 접근성이 어려울 수 있지만, 스케치를 사용해본 디자이너라면 쉽게 사용할 수 있다. 또 스케치 파일과 연동

이 가능하여 기존에 작업했던 파일을 피그마에서 불러와 작업할 수 있다. UI 디자인을 하는 데 스케치, Adobe XD와 큰 차이점은 없지만, 피그마는 편리함과 협업에 강점을 가졌다고 볼 수 있다. 협업을 하기 편리한 기능을 갖춘 올인원 All-in-One UI 디자인 툴을 찾는다면, 새롭게 떠오르고 있는 툴인 피그마를 써보길 추천한다.

- 3 -
개발자가 말하는 협업

　실제 현업에 있는 개발자들은 어떻게 협업을 하고 있을까? 궁금함을 해소하기 위해 주변에 다양한 회사를 다니는 4명의 개발자를 직접 만나 인터뷰해보았다. 예상한 대로 업무 프로세스, 협업 툴, 업무 범위 등 각 회사마다 협업을 진행하는 방식은 천차만별이었다. 지금부터 개발자가 말하는 협업에 대해 알아보고 이들과 원활하게 소통할 수 있는 방법을 모색해보자.

2년 차, 대기업 개발자

Q. 현재 다니고 있는 회사에서 하는 일과 기억나는 협업 사례는?

　2년 전까지 스타트업을 다니다가 대기업으로 이직한 지 2년이 되었다. 이직을 하고 나서 업무를 하는 방식도 많이 바뀌었다. 스타트업에서는 하나의 서비스를 만들기 위해 모두가 함께 일을 하였지만, 여기서는 사업팀을 중심으로 신규 사업이 진행될 때마다 기획자, 디자이너, 개발자를 선발하고 TF팀을 만들어 운영하는 방식으로 협업을 한다.

　가장 먼저 사업팀에서 사업성 검증과 평가를 하고 예상 매출까지 분석하여 기획 초안이 만들어지면 해당 사업과 관련된 팀원들이 모여 리뷰를 진행한다. 기획 초안을 보며 질문을 받고, 스케줄, 리스크 등을 체크하고 의견을 함께 공유를 한 뒤 본격적으로 서비스 개발에 착수한다. 기획자는 초안을 토대로 디테일한 화면 설계서와 정책서를 만들고 디자이너는 최종 기획안을 토대로 디자인한다.

프론트엔드와 백엔드 개발자는 디자이너가 작업하는 동안 기획서를 보고 기술 검토를 미리 하면서 로직 정도만 미리 작업을 해놓고, 디자인이 완료되면 디자인을 입혀 구현을 완료한다. 구현이 완료된 서비스는 3단계의 QA를 거치고 운영 서버에 최종 배포한다. 현재 회사의 업무는 사업팀을 중심으로 진행하기 때문에, 작은 개선이라도 무조건 사업 팀과의 협의를 거치고 난 후에 할 수 있다.

지금의 회사에서 협업할 때 좋은 점은 개발 업무에 집중할 수 있다는 것이다. 이전에 다니던 스타트업에서는 전문 기획자가 없었던 곳이 많아서 기획까지 신경을 써가면서 업무를 했어야 했다. 이에 비해 지금 회사는 기획자가 많고, 이들의 업무가 세분화되어 있다 보니 기획 문서, 정책 문서 등을 디테일하게 만들어준다. 덕분에 개발자는 개발에만 집중할 수 있다.

반면에 단점으로 느껴진 점도 있다. 매번 TF팀을 구성해서 일을 하다 보니 팀원이 매번 바뀐다. 이 때문에 초기에 사람들과 적응하는 시간이 필요하다. 또 디자인 시안을 PSD 파일 통째로 넘겨주기 때문에 아무런 GUI 가이드 없이 개발자가 직접 포토샵을 열어 이미지를 저장하고 개발을 해야 한다. 스타트업에서는 간편한 협업 툴을 쉽게 도입할 수 있었지만 대기업에서는 기존 일하던 방식을 최대한 변경하려 하지 않는다. 다행히도 지금 새롭게 참여 중인 TF팀에서는 디자이너가 스케치와 제플린에 관심을 보여서 직접 좋은 점을 알려주고 사용하는 방법을 알려줘서 효율적으로 협업해나가고 있다.

Q. 개발자와 원활하게 소통을 하려면 어떻게 해야 할까?

우리는 TF팀으로 일을 하기 때문에 지라Jira를 사용한다. 티켓을 남겨 일을 하며 항상 기록을 남겨두는 것을 중요히 여긴다. 다른 개발자가 진행하면 티켓을 추적하여 업무를 진행할 수 있도록 하기 위해서이다. 그리고 팀이 만들어질 때 불시에 이메일로 공표되는데, 평소에 함께 일을 하지 않았던 사람과 팀이 되는 경우도 많다. 그렇다 보니 협업 초반에는 목표를 함께 공유하는 것부터 진행한다.

나는 모두가 같은 방향의 목표를 바라보고 있어야 좋은 서비스를 만들 수 있다고 생각한다. 사업의 진행을 긍정적으로 바라보는 것도 중요하고, 함께 협업하는 팀원의 말에 귀를 기울여주고, 자신의 의견을 내더라도 상대방의 의견을 먼저 듣고 이야기하는 자세가 필요하다. 협업하는 자세가 갖춰진다면 업무 능력이나 스킬이 부족하더라도 함께 일하는 데 문제없다.

개발을 요청할 때는 무엇보다 요청하는 이유가 중요하다. 개발자들도 납득할 근거가 있어야 개발을 할 수 있다. 단순히 "이거 잘 만들어서 매출을 만들어야 해요."라는 대답은 개발자에게 전혀 공감이 되지 않는다. 문제 해결의 관점에서 발견한 문제가 무엇인지, 어떤 것을 실행해야 하는지, 개발자의 관점에서 좋은 대안이 있는지, 개발을 진행하는 데 문제는 없는지 등 먼저 의견을 물어보는 형태로 접근하고 도움을 요청하는 형태의 대화를 시도하는 것이 좋다.

Q. 기획자 혹은 디자이너에게 알려주고 싶은 정보가 있다면?

협업을 할 때 개발자들이 먼저 담을 높게 쌓은 경우가 있는데, 이때 기획자나 디자이너는 소통의 담을 허무는 노력을 하게 된다. 사내에서 진행하는 개발 관련 강의에 참여하는 것 또한 개발자와 소통하기 위한 노력의 일환이다(특히 기획자들이 많이 배우는 편이다).

다만 알아두었으면 하는 점은, 개발 공부를 하는 목적이 '개발하기 위해서'가 아니라 '개발자를 이해하기 위해서'라는 것이다. 개발을 깊이 있게 공부하는 것보다는 개발자와 소통하여 문제를 해결하는 과정을 경험해보고, 그 과정에서 어려웠거나 불편했던 점을 찾고 갈등을 해소하는 경험을 하는 것만으로도 개발자와 소통하는 데 도움이 될 것이다. 그저 개발 언어를 알면 소통을 잘할 수 있는 것이 아니라, 개발자의 입장을 이해하기 위해서 배운다는 관점이 중요하다고 생각한다.

4년 차, 중소기업 개발자

Q. 현재 다니고 있는 회사에서 하는 일과 기억나는 협업 사례는?

나는 퍼블리싱 개발자로 업무를 하다가 현재 프론트엔드 개발자가 되었다. 퍼블리싱 개발자로 업무를 할 때는 디자이너에게 받은 UI 디자인을 웹에 구현하는 업무를 진행했었다. 현재는 서버 개발자가 만든 API를 토대로 데이터를 화면에 연결하는 작업을 하고 있다. 퍼블리셔 때는 데이터나 기능 동작까지 크게 신경 쓰지 않았으나, 프론트엔드 개발자로 업무를 하다 보니 기획의 중요성을 깨닫게 되었다.

개인적으로 기능 명세 단계에서 개발자가 함께 참여하는 것이 좋다고 생각하지만, 보통 기획팀 내에서 먼저 기획을 한 뒤에 개발자에게 업무를 전달하는 경우가 많다. 한 예시를 들어보겠다. 기존 기능에 새로운 기능을 추가하는 작업을 요청받았는데, 기획서는 'A 기능에 B를 추가하면 된다.'라는 간단한 내용이 담겨있었다. 하지만 기획서대로 개발을 진행하던 중에 정책상 누락된 사항들이 발견되었고 결국 프로젝트는 장기화되었다. 기획 방향을 어떻게 잡아야 할지 잘 모르는 신입 기획자들과 협업을 하면 이런 일이 자주 발생하게 된다.

간단한 기획서와는 달리 개발 코드는 생각보다 복잡하다. 그렇기 때문에 기획 단계에서 개발자가 함께 참여해서 개발 소요 시간과 예상되는 변수에 대해 논의하는 것이 좋다. 협업 경험이 많아 기획력을 갖춘 개발자라면 기획자에게 기획 방향을 역으로 제안할 수 있다. 하지만 시작한 지 얼마 안 된 신입 개발자와 신입 기획자가 만나면, 개발을 중단하고 다시 기획을 하게 되는 경우가 자주 발생한다.

어떤 기획이든 초기 기획 단계에서부터 개발자를 참여시켜야 원활한 협업이 가능하다는 것을 위에 소개한 사례를 통해 깨달았다. 신입 기획자라면 기획을 작성하기 전에 작성한 초안을 토대로 개발자와 함께 기능 정의에 대해 논의한 후 기획서를 작성해보는 게 좋겠다. 이 방법을 이용하면 개발을 진행하는 데 큰 문제가 발생하지 않으리라 생각한다.

다음으로 신입 디자이너와 협업하다 문제가 발생한 사례를 다뤄보겠다. 디자이너가 잘못된 이미지 파일을 전달하여 긴 작업 시간을 소화한 적이 있었다. 당시 협업을 함께 했던 디자이너는 이미지 크기가 모바일 해상도에 상관 없이 원본 그대로 보여지는 것이라 생각하고 있었다.

모바일 기기의 디바이스 비율과 해상도는 다양하다. 스케치나 Adobe XD 프로그램을 통해 벡터 기반으로 제작된 경우에는 2x, 3x 배율이 적용되어 개발하는 데 문제가 없다. 하지만 사진 이미지의 경우에는 벡터가 아닌 픽셀이기 때문에 작은 디바이스에 맞춰 사진을 전달하면 해상도가 큰 디바이스에서는 사진이 깨질 수 있다. 기준 디바이스보다 2배, iOS의 경우 최대 3배까지의 큰 크기의 사진을 준비하여 대응하는 것이 필요하다.

함께 협업할 때, 리소스 파일명을 관리하는 것 또한 중요하다. 리소스 파일명은 디자이너도, 개발자도 서로 귀찮으면서 답답한 일이라고 생각하지만 협업에서 꽤 중요한 부분이라고 생각한다. 가끔 디자이너에게 한글로 된 파일명을 전달받는 경우가 있는데, 웹은 영어로 된 코드로 작성되기 때문에 한글명의 파일은 적용이 되지 않는다. 이 때문에 개발자는 일일이 다시 영어로 이름을 변경하여 작성해야 한다. 그러니 처음부터 영어로 된 파일명을 쓰되, 규칙성 있게 이름을 지어 전달해보자. 그러면 개발자는 더 수월하게 작업할 수 있고 디자이너 또한 리소스를 관리하기에 좋다.

  요즘은 제플린, 피그마와 같은 GUI 가이드 툴이 있는데 개발자가 직접 제플린 내에서 리소스를 다운 받을 때도 파일명이 제대로 작성이 되어 있지 않은 경우도 있다. 이미지를 직접 전달하지 않고 GUI 가이드 툴을 사용할 때도 개발자가 이미지를 내려받을 때 규칙성 있는 파일명으로 업로드를 해주어야 한다. 파일명 규칙을 정할 때 개발자와 디자이너가 함께 규칙을 정하면 가장 좋겠지만, 함께 규칙명을 정하기 어렵다면 파일을 리소스를 만드는 디자이너가 먼저 일정한 규칙을 정해 파일을 전달하는 것이 좋다.

Q. 개발자와 원활하게 소통을 하려면 어떻게 해야 할까?

  첫 번째로 협업하는 사람들은 가까이 있는 것이 좋다. 하나의 서비스, 프로젝트를 기획하고 디자인하고 개발을 한다면 기획자, 디자이너, 개발자가 있어야 한다. 스타트업에서 일할 때는 소수의 인원이어서 한 사무실 공간에 기획자와 디자이너와 개발자가 함께 모여 있어 의사소통하기 상당히 편했다. 하지만 현재는 회사 구조상 기획팀과 디자인팀은 한 사무실을 쓰지만, 개발팀은 따로 떨어져 있다. 그렇다 보니 얼굴을 맞대는 일이 드물고, 슬랙을 통해 메시지를 주고 받는 식으로 협업을 하고 있다.

  하지만 아무래도 메신저를 이용하는 방식은 커뮤니케이션하기 어려울 때가 많다. 같은 공간에서 함께 업무를 하면 서로의 작업 스타일도 알 수 있으며 표정과 말투의 차이를 느낄 수 있다. 서로의 특징이나 성격을 알고 있으면 업무를 주고 받을 때 감정의 골이 깊어지는 일도 줄어들 수 있다. 그러므로 가능한 함께 업무를 진행하는 사람들과는 최대한 가까이 붙어서 적극적으로 문제점을 논의하고 이야기를 할 수 있는 환경을 만들어야 한다. 만약 회사 특성상 거리를 두고 일하는 경우라면, 화상 회의를 하거나 회의 장소를 지정하고 함께 모여 적극적으로 소통할 수 있는 방법을 찾는 것이 중요하다.

두 번째로 개발자의 일을 단정짓지 않는 것이다. 특히 "간단해요."라는 말은 피해야 한다. 기획자나 디자이너의 입장에서는 코드가 어떻게 짜여진 건지, 어떻게 개발을 해야할지 자세히 알지 못해서 하는 말일 수 있다. 하지만 개발 난이도를 체크할 때는 당장 기획한 기능만 바라보면 안 되고, 기획한 기능과 엮여 있는 다른 기능까지도 함께 생각해야 한다.

당장 기획한 것만 바라보고 개발을 진행한다면, 일이 진행될 수 있을진 몰라도 다른 부분에 문제가 생길 수 있다. 현재의 시스템을 정확하게 파악하고 있다면 좋겠지만 그런 사람은 드물다. 하물며 개발자 간에도 다른 사람이 개발한 것까지 알고 있는 경우가 드물다. 그렇기 때문에 기획자와 디자이너가 개발 난이도를 쉽사리 판단하고 이야기하는 것은 옳지 않다. 좋은 결과물을 얻을 수 있도록 서로 언행을 조심하고, 또 조심하면 좋을 것 같다.

하나의 서비스를 만들기 위해서는, 서로 떼려야 뗄 수 없는 관계지만 자칫 물과 기름처럼 섞일 수 없는 관계가 되기도 한다. 하지만 하나의 목표를 가지고 함께 일을 하는 사이라는 것을 인지하고 서로를 이해하기 위해 노력하고 양보한다면 좋은 결과물을 만들 수 있을 것이라 생각한다.

Q. 기획자 혹은 디자이너에게 알려주고 싶은 정보가 있다면?

상대방의 분야에 대한 최소한의 지식을 쌓는 것을 권하고 싶다. 대표적인 사례를 말하자면 서로 다른 사고관 때문에 충돌하는 일이다. 이를 테면 디자이너가 만든 시안대로 구현되지 않을 경우 개발자와 잦은 충돌이 일어난다. 디자이너는 쉽게 구현될 수 있을 것이라 생각하며 디자인 시안을 만들었겠지만, 개발자는 이를 구현하기 위해서는 복잡한 개발이 필요할 수 있다.

디자이너가 직접 개발을 하기 위해 공부를 하기보다 개발자와 협업을 위해 개발의 기본을 인지하고 있다면 어떨까? 자신의 아이디어를 개발자가 구현할 수 있을지 미리 판단해볼 수 있을 것이다.

참고로 간단한 마크업 언어 지식을 쌓기에 좋은 사이트를 소개한다. '생활코딩'이라는 웹 사이트를 이용하면 HTML, CSS를 무료로 쉽게 배울 수 있어서 좋다.

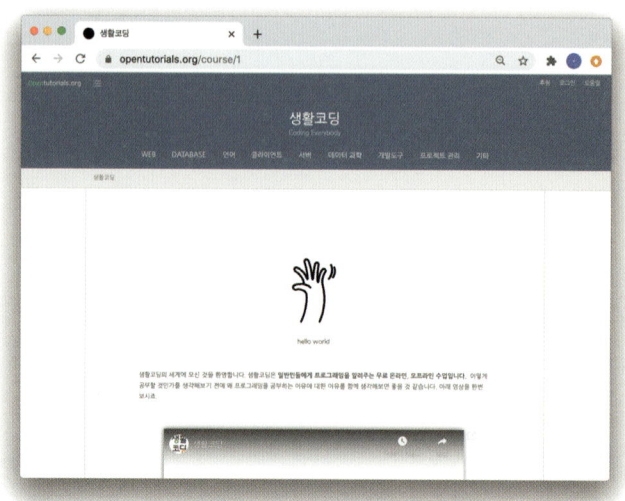

생활코딩(https://opentutorials.org/course/1)

6년 차, 프리랜서 개발자

Q. 프리랜서 개발자로서 하는 일과 기억나는 협업 사례는?

4년 정도 회사를 다니다 프리랜서 개발자로 전향했다. 성격상 주도적인 개발 업무를 하고 싶었고, 무엇보다 사용하고 싶은 개발 언어를 선택할 수 있다는 점과 원하는 프로젝트에 참여할 수 있다는 장점이 있어 프리랜서를 선택하였다. 상주 혹은 비상주 형태로 근무를 선택할 수 있으며, 계약은 프로젝트가 마

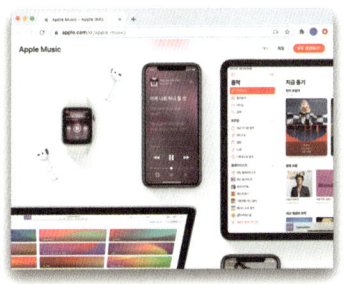 

롱스크롤 기법을 활용한 애플의 웹 사이트

감될 때까지로 하거나 별도의 기간을 정하기도 한다. 계약 기간 내 프로젝트를 완성시키는 것이 중요하고, 초기 기획과 디자인이 탄탄하게 구성된 상황에서 개발이 투입되어야 일정에 대한 트러블이 생기지 않는다.

가끔 기획이 탄탄하지 못한 채로 개발이 급하게 투입되는 경우도 있고, 프로젝트 회의 때 사용하기로 했던 개발 스펙을 급하게 변경하여 일정이 계약 기간보다 더 늘어난 경우도 있었다.

또 계약이 일주일 남은 상황에서 급하게 디자이너가 롱스크롤 인터랙션을 넣어달라는 요청을 했는데 이 인터랙션을 넣는 것 자체가 일주일 이상이 걸려 기간 내에 불가능한 부분이었다. 회사에서 원하는 경우 비용이나 계약 기간을 늘리면 된다고 생각할 수 있지만, 초기 기획 단계에서 요구한 사항이 아니었고 이미 애니메이션을 고려하지 않은 채로 개발이 진행되었다. 그렇다 보니 결국 회사가 생각하는 기간 내에 프로젝트를 완수하지 못하는 상황이 발생했다.

Q. 개발자와 원활하게 소통을 하려면 어떻게 해야 할까?

프리랜서 개발자가 함께 프로젝트에 참여할 때 초기 미팅을 진행한다. 이때 PM뿐 아니라 기획자, 디자이너가 함께 미팅에 참여하는 것이 가장 중요하다.

앞서 얘기했던 인터랙션이나 애니메이션은 비주얼적인 부분이라 기획 단계에서 놓치는 경우가 많아, 개발이 진행되는 상황에서 급하게 요구하는 경우가 빈번하다. 애니메이션뿐 아니라 고려하지 않은 사항을 급하게 추가하면 개발 일정이 크게 변경될 수 있다. 그러므로 초기 미팅에서 기획자뿐 아니라 디자이너도 함께 참여하여 이런 문제가 생기지 않도록 미리 방지하는 것이 좋다.

회사를 다닐 때는 함께 협업하는 디자이너가 사용하는 디자인 툴이 고정적으로 정해져 있고 디자인을 전달받는 과정도 협의하여 맞출 수 있었다. 하지만 현재는 다양한 회사와 프로젝트 단위로 참여하고 있어서 협업을 하는 디자이너마다 사용하는 디자인 툴, GUI 툴이 모두 천차만별이었다. 최대한 디자이너가 사용하는 툴에 맞추어 협업을 해주는 프리랜서 개발자가 있는 반면, 원하는 방식으로 전달해주길 원하는 프리랜서 개발자도 있기 때문에 프로젝트를 진행하기 전에 이런 사소한 부분도 미팅 때 함께 조율해야 한다.

프리랜서 개발자는 프로젝트 하나하나가 본인의 커리어이자 발자취가 된다. 단순하게 업무 기간에만 일하고 마무리하는 것보다는, 정해진 기간 안에 퀄리티가 좋은 프로젝트로 마무리하고 싶어 한다. 앞에서 말했던 것처럼 프로젝트 초기에 개발자와 긴밀하게 논의해 최적의 방법과 기간을 도출하고 진행하는 것이 디자이너와 개발자 모두 Win-Win할 수 있는 방법이라고 생각한다. 자신의 고집을 내려놓고 서로의 영역을 존중하면서 협업한다면 본래 원했던 결과보다 더 좋은 결과를 얻을 수 있다고 확신한다.

Q. 기획자 혹은 디자이너에게 알려주고 싶은 정보가 있다면?

요즘은 웹 사이트에 영상보다 애니메이션이나 롱스크롤 기법 등 다양한 인터랙션을 넣는 사례가 많아지고 있다. 영상이나 GIF 이미지는 무거워 웹의 속도가 느려지기 때문에 Lottie 라이브러리를 알아두면 좋다.

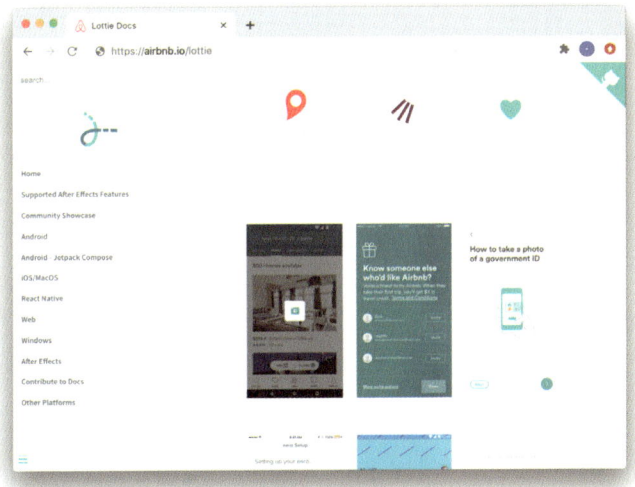

Lottie 라이브러리(https://airbnb.io/lottie)

 Lottie 라이브러리는 Adobe사의 영상 및 모션 그래픽을 제작하는 애프터 이펙트^{Adobe After Effect} 내에 bodymovin이라는 플러그인을 사용하면 영상을 SVG 코드로 추출해준다. 이 코드를 퍼블리셔나 프론트엔드 개발자가 Lottie 라이브러리로 연동해주면 애프터 이펙트로 만들어진 모션을 웹에 쉽게 적용할 수 있다. 만약 웹에 모션을 넣고 싶다면 이런 라이브러리를 미리 알아두고 개발자에게 제안을 해보는 것도 좋다.

 그리고 GUI 가이드 툴로 제플린도 많이 사용했으나 요즘은 피그마도 많이 사용한다. 디자이너가 포토샵, 스케치, Adobe XD로 제작한 시안을 제플린에 한 번 더 업로드하여 개발자에게 공유를 해야 하는데, 피그마를 이용하면 시안을 제작하고 웹링크 형태로 바로 가이드까지 볼 수 있다. 효율적인 협업을 하기 원한다면 피그마를 사용해보는 것을 추천한다.

10년 차, 에이전시 개발 CTO

Q. 현재 다니고 있는 회사의 일과 기억나는 협업 사례는?

에이전시에서는 하나의 프로젝트를 진행할 때 업무 단계를 '설계'와 '구현'으로 분류하고 진행한다. 설계 단계에서는 기획과 디자인 두 단계로 나눌 수 있다. 기획 단계에서는 기능 설계, 화면 설계, 서비스 플로우 정의를 한다. 디자인 단계에서는 기획을 토대로 UX/UI 디자인을 하며 스케치, Adobe XD 등 프로그램으로 아웃풋을 만들어 모션 레퍼런스, 벤치마킹, 스타일 가이드를 제작하고 제플린 작업까지 진행한다. 이 작업이 컨펌되고 나면 실질적으로 구현을 하기 위해 프론트엔드 개발, 백엔드 개발을 진행한다. 이때 실제 설계한 것과 개발하여 구현한 결과의 차이로 트러블이 발생하는 경우가 많다.

대표적인 사례가 폰트다. 디자이너는 스케치, Adobe XD, 포토샵 프로그램을 통해 디자인하므로 웹 폰트를 사용하지 않고 시스템에 설치하는 폰트를 사용한다. 이 폰트들의 퀄리티는 좋지만 30~40MB의 큰 용량 때문에 웹 사이트나 앱에 사용하기는 어렵다. 반면에 개발자는 같은 폰트지만 가볍게 사용할 수 있는 웹 폰트를 활용하여 개발한다. 웹 폰트는 최소한의 필요한 데이터만 담아서 용량이 가볍지만, 시스템에 설치해서 사용하는 폰트보다 퀄리티가 현저히 떨어진다. 즉 디자이너와 개발자가 같은 서체를 사용하더라도 형태가 같지 않은 것이다.

디자이너는 실제로 구축 단계에서 폰트를 사용하는 환경이 같지 않다는 것을 인지하고 있어야 한다. 디자이너는 시스템 폰트를 쓰는 사람이고, 개발자는 웹 폰트를 쓰는 사람이다. 기획자, 디자이너가 진정하게 만들고 싶은 모습은 설계 단계의 화면이 아닌 구축 단계에서 완성이 된 모습이다. 그러므로 서로 만족하는 프로젝트를 완성하기 위해서는 마지막에 완성된 아웃풋을 가지고 기획자, 디자이너, 개발자가 함께 모여 리뷰를 진행해야 한다. 아웃풋은 웹/앱이 실제로 운영되는 화면까지 구축된 화면이므로 함께 객관적인 평가를 할 수 있다.

서로의 관점이 다르다는 점을 인지하여, 디자이너는 개발 환경을 생각해주어야 하고 개발자는 디자이너의 리뷰에 대해 해결할 수 있는 부분을 알려주어야 한다. 예를 들어 폰트 크기를 디자이너는 14PX로 의도하였으나 아웃풋으로는 16PX로 보인다고 해보자. 디자인에서는 14PX이 맞았지만 아웃풋에서는 16PX이 맞는다면 개발자는 디자이너의 의도에 함께 맞춰주어야 한다. 비단 폰트뿐 아니라 디자인과 개발의 결과물이 다를 때, 디자이너는 시각적으로 개발자는 수치적으로 해석하려는 경향이 있다. 좋은 협업을 해나가기 위해선 서로의 관점을 이해하고 함께 방법적으로 맞춰가는 것이 가장 중요하다고 볼 수 있다.

또 다른 사례로는 사용자의 디바이스 환경에 대해 고려하지 않은 경우가 있다. 요즘은 웹 사이트를 살펴보면 가로로 길게 콘텐츠를 늘어놓는 형태의 웹 사이트가 많은데, 10~20년 전의 웹 사이트는 한 화면 안에 모든 콘텐츠를 담는 방식으로 만들었다. 이것은 디자인의 문제가 아니라, 당시 웹 사이트의 환경상 길게 만들 수 없기 때문이었다. 모니터도 작고, 네트워크 환경도 좋지 않았으며 기술적인 문제가 있어 디자인으로 표현하는 데 한계가 있었다. 하지만 점점 디자인으로 표현할 수 있는 환경으로 바뀌어가면서 문제점들이 완화되었고 디자인의 표현력이 다양해지고 있다.

변화해가는 트렌드에 따르려면, 기획자와 디자이너는 시스템 환경과 주변 환경이 어떻게 바뀌는지 계속 파악해야 한다. 모바일 시대는 앞으로 어떻게 변해나가는지, 디스플레이는 어떻게 변해나가는지 알고 자신의 업무에 반영하여야 한다. 참고로 현재 레티나 디스플레이로 4K, 8K의 이미지도 디테일하게 표현할 수 있고 웹에서도 300DPI 이상 표현이 가능해졌다. 디자이너는 이미지가 잘보이는 환경에서는 선명하게 잘 보일 수 있도록 해주어야 하고, 잘 보이지 않는 옛 환경에서는 이미지를 가볍게 만들어주어야 한다. 또한 웹 사이트를 만들더라도 선명한 이미지와 가벼운 이미지를 하나씩 준비해주어야 한다.

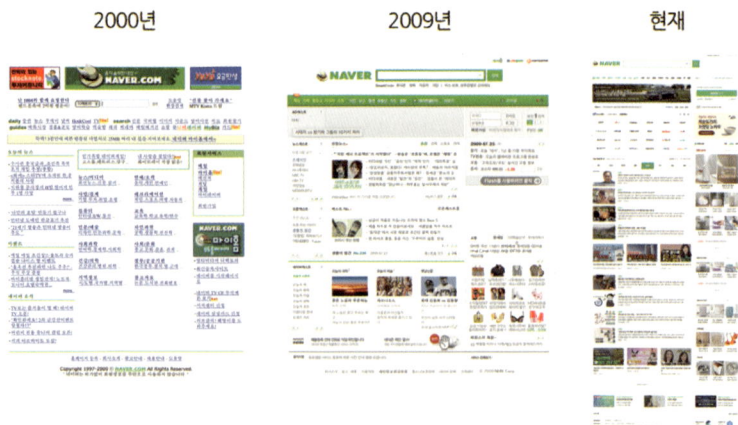

네이버 홈페이지의 변천사

시대가 변화함에 따라, 디자이너는 시각화하는 부분뿐 아니라 결과물이 디테일하게 표현될 수 있도록 꼼꼼하게 체크해야 한다. 그리고 자신의 업무 환경은 물론, 다양한 사용자의 환경도 생각해야 한다. 그러기 위해선 만든 결과물을 다양한 브라우저, 디스플레이 환경에 모두 업로드해서 객관적으로 평가를 해보는 것이 중요하다.

Q. 개발자와 원활하게 소통을 하려면 어떻게 해야 할까?

에이전시의 경우를 이야기해보겠다. 에이전시에 기업과 고객이 프로젝트를 맡기는 건 자체적으로 보유한 비즈니스 컨설팅, 디자인 컨셉, 개발 환경, 개발 인력이 없기 때문이다. 에이전시는 기업과 고객이 요구하는 것을 파악하고 들어주어야 하며, 프로젝트를 완성해야 하는 기간도 한정되어 있다. 이때 기획자는 프로젝트를 진행하며 기간 내에 만들 수 있는 핵심적인 기능을 뽑아내고 설계하는 것이 중요하다. 기획자가 개발자에게 단순하게 "이런 기능을 만들어주세요.", "이런 앱을 만들어주세요."라고 추상적으로 이야기하면 개발 기간이 1

개월이 될 수도, 1년이 될 수도 있다.

　기획자는 개발하는 기능이 어떻게 만들어지며, 얼마나 걸리는지 이해하고 있어야 한다. 그리고 프로젝트에서 어떤 기능이 중요한지, 기간 내에 만들 수 있는 기능을 골라서 우선순위를 정해야 한다. 디테일하게 일정 산출을 하기 위해서는 기능 리스트를 만들어야 하고, 개발자와 소통하여 만들어야 할 기능이 무엇이고, 개발 기간이 얼마나 걸리며, 어떤 개발 인력이 필요한지 맞추어가야 한다.

　또 기획자에게 중요한 점은 디자이너와 개발자가 원활하게 소통을 할 수 있도록 중간점을 만들어주어야 한다. 앞서 얘기한 것처럼, 객관적인 평가는 아웃풋이 필요한데 처음 프로젝트를 진행할 때는 아웃풋이 없기 때문에 객관적인 문서가 필요하다. 객관적인 문서로는 화면 정의, 와이어프레임, 기능 정의 등의 문서가 될 수 있다. 객관적인 문서가 있어야 디자인, 개발이 다른 방향으로 흘러가지 않고 올바르게 완성될 수 있다. 이러한 문서가 없으면 디자이너도 개발자도 각자 생각하고 프로젝트를 만들 수 있기 때문에 기획자는 프로젝트의 기준점을 만들어주는 역할을 해야 한다.

Q. 기획자 혹은 디자이너에게 알려주고 싶은 정보가 있다면?

　디자이너에게 대표적인 디자인 프레임워크를 사용할 것을 권장한다. 애플, 구글, 마이크로소프트, 에어비앤비, 페이스북 등을 참조해보면 이론적으로 UX/UI를 정의한 자료가 많다.

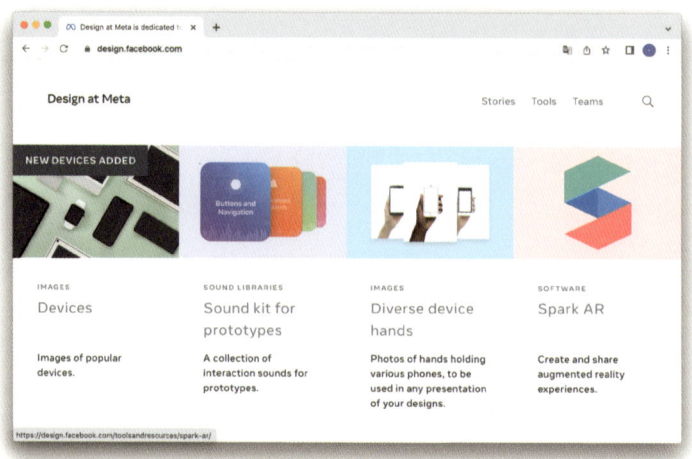

메타(페이스북) 디자인(https://design.facebook.com)

대표 IT 기업의 UX/UI 가이드

애플: https://developer.apple.com/design

구글: https://design.google

스포티파이: https://spotify.design

마이크로소프트: https://www.microsoft.com/design/fluent

머티리얼: https://material.io

에어비앤비: https://airbnb.design

메타(페이스북): https://design.facebook.com/

대표적인 디자인 프레임워크를 살펴보면 체크박스, 라디오박스, 버튼, 그리드, 타이포 등 규칙성과 비율을 갖추었다. 또한 프레임워크는 어떠한 톤앤매너 Tone and Manner 도 받아들일 수 있도록 설계되었다. 보통 사내에서 하나의 프로젝트를 진행할 때 1~2명의 디자이너가 프로젝트를 진행하는데, 이들이 디자인 가이드를 직접 만드는 것은 어렵고 개발자와 협업하기도 힘들다. 이러한 점에서 프레임워크를 참고하여 디자인 가이드를 만들면 비용과 시간을 절감할 수 있다.

사용할 프레임워크를 선정할 땐 프론트엔드 개발자와 함께 의논하도록 하자. 개발자는 수치적인 부분을 항상 생각하며 개발하기 때문에, UI 요소를 면밀하게 분석하고 바라보는 데 더 능숙하다.

에필로그

 김중철

뚜렷한 분야 없이 스타트업의 초기 멤버로 시작해 7년이라는 시간이 지났습니다. 이 시간 동안 서비스 기획자로 자리매김하고 책을 쓰다니 감회가 새롭습니다. 비전공자인 제가 협업을 잘 할 수 있었던 것은 협업을 목표 달성의 과정으로 생각했기 때문입니다. 팀이 목표를 공유하면 어떤 언어를 사용하고 어떤 성향을 갖고 있는지는 크게 중요하지 않습니다. 문제 해결을 위해 힘을 모으지 않으면 목표를 달성하기 힘들기 때문입니다.

학창 시절 토론 수업에서 친구들이 서로 자신의 생각을 증명하기 위해 다양한 근거와 예시를 제시하면서 치열하게 이야기했던 경험이 있을 것입니다. 이와 마찬가지로 협업도 회사가 성장하는 여러 가지 방법을 놓고 더 나은 방법을 찾기 위해 의견을 나누는 과정이라고 생각합니다. 기획자는 이 토론의 중심에 있습니다.

이 과정 속에서 기획자에게 가장 중요한 역할 한 가지를 뽑자면 논리적으로 설득하는 기술이라고 생각합니다. 이 역할을 잘 수행하기 위해서는 서비스의 탄생 과정 전체를 알고 있으면서, 현재 어느 단계에서 어떤 목적으로 일을 하는지 이해하고 팀원에게 전달하는 것이 중요합니다. 이 책이 협업의 완벽한 해답이 될 순 없지만 힌트를 얻어가셨으면 좋겠습니다. 끝까지 도전하시길 응원하겠습니다.

끝으로 오랜 시간 불확실한 길을 걸어오던 저를 언제나 믿고 응원해주신 박은영 여사님께 사랑한다는 말을 전하고, 7개월의 긴 여정을 함께해 준 수지, 이쁜 표지를 디자인해준 영광이, 흔쾌히 인터뷰해준 승현이와 현지, 추천사를 써주신 미림 님, 산하 선배님, 청진 님, 종례 형님 모두에게 감사 인사를 전합니다. 이 책이 우리의 5년 후, 10년 후의 방향을 바꾸는 바람이 되길 바라며 이 글을 마칩니다.

김수지

책을 쓰면서 비전공자로 디자이너에 도전하겠다며 처음 마음먹은 날의 기억이 새록새록 떠올랐습니다. 사회복지과 전공인데 졸업 후에 하고 싶었던 일은 디자이너라고 했을 때 주변의 많은 사람들이 왜 다른 길을 가는지 묻기도 했고, 디자이너로 회사에 입사할 때도 전공자와는 다른 대우와 시선을 받는 경험을 겪기도 했었습니다.

전공자는 전문 분야로 오랜 시간 동안 공부하고 비전공자와는 배움의 기준이 다르기 때문에, 저는 전공자가 노력한 시간보다 더 많은 시간을 들여 노력해야 한다고 생각했습니다. 회사에서 실무를 하며 퇴근하고 학원을 다녔고, 새벽까지 공부하고, 주말에는 스터디를 다니며 블로그로 기록을 하는 과정에서 '개기디마셔'라는 IT 커뮤니티를 만들게 되었습니다. 당시 많은 디자이너와 개발자를 만나 협업에 대해 이야기하고 함께 공부하며 성장했던 시간이 저에겐 가장 생생한 기억으로 남아 있습니다.

현재는 창업이라는 새로운 목표가 생겨 새로운 도전을 앞두고 있습니다. 도전을 위해 회사를 졸업하며 저의 모든 열정을 쏟아 부었던 시간과 노력들이 리셋되는 것 같아 아쉬운 기분이 남았었는데, 출판사의 도움으로 디자이너로 성장하기 위해 공부하고 노력했던 순간을 기록해볼 수 있었습니다.

마지막으로 책을 쓰는 데 도움을 주고 개발자를 이해하며 좋은 디자이너로 성장하도록 많은 영향을 주었던 장종례, 권현지 개발자에게 감사를 드립니다. 그리고 항상 저에게 열정을 불러일으켜 주고 5년 뒤, 10년 뒤 어떤 모습으로 성장하고 있을지 기대되는 공동 집필자, 기획자 중철이와 언제나 옆에서 무한한 응원을 해주는 사랑하는 남편과 가족에게 감사의 인사를 전하며 이 글을 마칩니다.

※ **이미지 출처**

33p. 2019-2020년 전 세계의 웹 사이트 접속 기기 통계- 모바일: 51.33%, 데스크톱: 45.9% (출처: StatCounter)

57p. 야놀자와 아고다의 사용자 분포 비교(출처: platum.kr/archives/148311)

64p. 프로토타입 예시(원본 이미지 출처: theresa-choi.squarespace.com/blog/xd-wireframes)

104p. 구글 애널리틱스(출처: marketingplatform.google.com/intl/ko/about)

105p. A/B 테스트로 개선하는 페이스북 탭 바(출처: docs.google.com/document/d/19BoeoynEBtk0lQZREyrhHHemaMT9zP3CZL31xr6Xtvs/preview)

108p. 시대의 흐름에 따라 변화한 포토샵- 포토샵 7.0 / 포토샵 2020(포토샵 7.0 이미지 출처: blog.naver.com/hyoyeol/70144670950)

115p. HTML 컬러코드로 확인하는 색상 표기법(출처: htmlcolorcodes.com)

116p. CSS Gradient를 활용해 CSS 코드 자동 생성(출처: cssgradient.io)

122p. HTML 비디오 형식(출처: w3schools.com/html/html5_video.asp)

125p. 자주 사용되지 않는 글자들이 포함되어 있는 11,172자 중 일부 발췌(출처: font.co.kr/yoonfont/fontspec/fontspec.asp?lan=han&type=3)

130p. 웹 트래픽 분석 기업, StatCounter로 본 2019-2020 국내 PC 해상도 점유율(출처: gs.statcounter.com)

134p. 페이퍼 프로토타이핑(출처: flickr)

138p. 국내 브라우저 점유율(출처: StatCounter)

148p. awwards의 반응형 웹- 한 화면으로 웹,태블릿,모바일 화면을 보여준다(출처: awwwards.com)

152p. 2019-2020 국내 모바일 해상도 점유율(출처: StatCounter)

156p. 안드로이드 내비게이션 바(출처: developer.apple.com/design/human-interface-guidelines/ios/bars/navigation-bars)

156p. iOS 내비게이션 바(출처: material.io/design/platform-guidance/android-bars.html#android-navigation-bar)

187p. 슬랙과 연결 가능한 생산성 앱(App) 예시(출처: https://slack.com/intl/ko-kr/apps)

196p. 노션이 기본으로 제공하는 다양한 템플릿(출처: https://www.notion.so/ko)

197p. 노션으로 작성한 문서를 웹 페이지로 공유하기(출처: https://www.notion.so/ko/guides/sharing-and-permissions)

210p. 피그마로 프로토타이핑 제작과 코드 확인을 동시에 수행(출처: figma.com)

211p. 동시 작성 및 디자인 코드 확인 기능(출처: figma.com)

226p. 네이버 홈페이지의 변천사(출처: imfloresta.tistory.com/186)

INDEX

ㄱ
구글 애널리틱스 … 104
구조화 … 67
그리드 … 150

ㄴ
내비게이션 바 … 156
네이밍 규칙 … 162
네이티브 빌더 방식 … 175
네이티브 앱 … 184
노션 … 195

ㄷ
데이터베이스 … 179
동기 방식/비동기 방식 … 182
디버깅 … 179
디스크립션 … 76
디자인 … 99
디자인 기획 … 98

ㄹ
라이브러리 … 178
랜딩 페이지 … 27
레이아웃 … 146
로우 피델리티 프로토타입 … 133
리눅스 … 181
리뷰 요청 방법 … 93
리스트업 … 69
리팩토링 … 178

ㅁ
모듈 … 183
모듈화 프로그래밍 … 183

모바일 디자인 가이드 … 155
모바일 웹 … 183
모바일 퍼스트 … 149
모바일 해상도 … 152
무손실 압축 … 121

ㅂ
반응형 웹 … 148
배포 … 180
백엔드 개발 … 170
버그 … 179
벤치마킹 … 82
부트스트랩 … 169
브라우저 분류 … 34
브라우저별 지원 코덱 … 122
빌드 … 180

ㅅ
서버와 호스팅 … 176
서브셋 웹 폰트 … 124
서비스 기획 … 54
설계서 타이틀 … 88
손실 압축 … 120
순서도(Flowchart) … 183
스케치(Sketch) … 197
슬랙 … 185
시맨틱 마크업 … 147
시맨틱 태그 … 147
시스템 폰트 … 123

ㅇ
안드로이드 개발 … 173
알고리즘 … 183
에이전시 기획자 … 58
예외 처리 … 180

오픈 그래프	⋯	159
오픈 소스	⋯	182
워터폴 방법론/애자일 방법론	⋯	182
웹 개발자	⋯	166
웹뷰 패키징 방식	⋯	174
웹 사이트 계층 구조	⋯	78
웹 접근성	⋯	136
웹 폰트	⋯	124
웹 표준	⋯	136
이미지 폰트	⋯	123
인비전	⋯	206
인하우스 기획자	⋯	56

ㅈ

자간	⋯	128
적응형 웹	⋯	148
제이쿼리	⋯	169
제플린	⋯	201
지라	⋯	188

ㅋ

컨테이너 값	⋯	131
컨플루언스	⋯	190
컬러 프로파일	⋯	113
컴파일	⋯	180
코드 리뷰	⋯	182
크로스 브라우징	⋯	138
크롬의 개발자 도구	⋯	143
클라이언트	⋯	178

ㅌ

테스트플라이트	⋯	173
트래픽	⋯	176
트렐로	⋯	193

ㅍ

파비콘	⋯	160
퍼블리싱	⋯	167
페이퍼 프로토타이핑	⋯	133
폰트	⋯	123
폰트 포맷	⋯	125
풀스택 개발	⋯	171
프레임워크	⋯	178
프로토콜	⋯	176
프로토타이핑 툴	⋯	134
프로토타입	⋯	64
프론트엔드 개발	⋯	167
피봇	⋯	35

ㅎ

하이라키	⋯	69
하이브리드 앱	⋯	184
하이 피델리티 프로토타입	⋯	132
핫픽스	⋯	181
해상도	⋯	129
행간	⋯	128
화면 설계서	⋯	84

A

API/오픈 API	⋯	179
APK/IPA	⋯	181
A/B 테스트	⋯	104

B

BOM	⋯	168

C

CDN	⋯	126
CMYK	⋯	112
CSS Gradient	⋯	116

D
DNS	···	177
DOM	···	168
DP	···	154
DPI	···	154

F
Fontello	···	127
FTP	···	177

G
GIF	···	118
Git/GitHub	···	179
GRID CALCULATOR	···	151

H
HEX	···	114
HSL	···	112, 114
HTML 컬러코드	···	116
HTTP/HTTPS	···	176

I
IA	···	66
IDE	···	181
iOS 개발	···	172

J
JPG(JPEG)	···	118

L
Lottie 라이브러리	···	223

M
MEAN Stack	···	171
MECE	···	69

Muzli	···	107

P
PNG	···	118
PT	···	154

R
RFP	···	58
RGB	···	112, 114
RGBA / HSLA	···	115

S
SCREEN SIZ.ES	···	153
SDK	···	181
SPA	···	168
SSL	···	177
SVG	···	119

U
UX/UI	···	101

X
XML	···	119

| 저자 협의 |
| 인지 생략 |

개발 협업이 어려운 기획자 & 디자이너를 위한 필수 가이드북
오늘도 개발자가 안 된다고 말했다

1판 1쇄 인쇄 2021년 3월 20일   1판 1쇄 발행 2021년 3월 25일
1판 7쇄 인쇄 2024년 7월 10일   1판 7쇄 발행 2024년 7월 15일

지 은 이 김중철·김수지
발 행 인 이미옥
발 행 처 디지털북스
정   가 15,000원
등 록 일 1999년 9월 3일
등록번호 220-90-18139
주   소 (04997) 서울 광진구 능동로 281-1 5층 (군자동 1-4 고려빌딩)
전화번호 (02)447-3157~8
팩스번호 (02)447-3159

ISBN 978-89-6088-372-7 (13000)
D-21-03
Copyright ⓒ 2024 Digital Books Publishing Co., Ltd